우리나라 최초 어보
〈우해이어보〉를 읽다

19세기 초 담정은 무엇을 보았나?

우리나라 최초 어보 〈우해이어보〉를 읽다

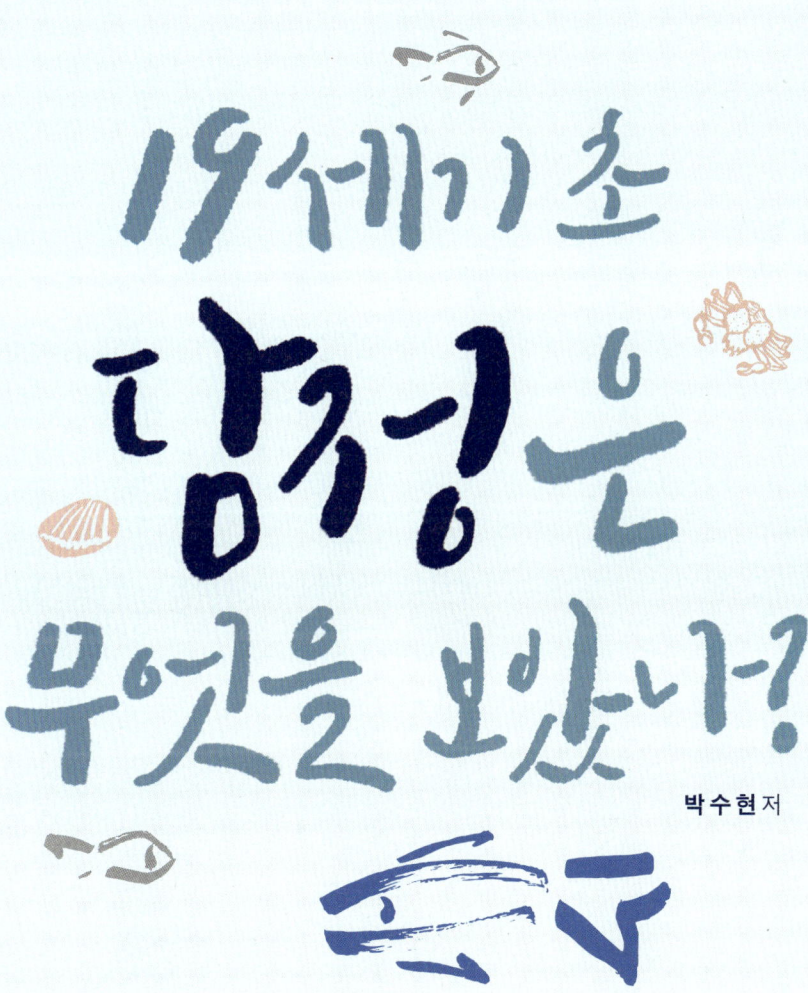

19세기 초 담정은 무엇을 보았나?

박수현 저

mediazoom

들어가는 글

　『우해이어보(牛海異魚譜)』의 저자 김려(金鑢, 1766~1822)는 선조시대 연흥 부흥군 김제남의 후손으로 호를 담정(藫庭)이라 하였다. 15세에 성균관 유생으로 들어갔으며, 1791년 생원(生員)*이 되면서 당 시대 촉망받는 인재였다. 하지만 1797년 겨울 강이천의 비어사건(근거 없이 떠도는 말이 원인이 되어 일어난 일)에 휘말리며 함경북도 북동부 부령으로 유배되었다. 담정은 지방의 자제들을 가르치면서 그들이 겉멋만 들고 속이 빈 벌열(閥閱)**의 자제보다 더 우수한 인재라고 주장하다가 1799년 유배지에서 필화를 당해 그의 문집들이 압수당하거나 불에 타기도 했다.

---

* 조선시대는 과거제의 하나로서 소과인 생원시를 설치하고 그 합격자를 생원이라 하였다. 이 제도는 과거제가 폐지된 1894년(고종 31)까지 계속되었다.

** 나라에 공이 많고 벼슬 경력이 많은 집안.

1801년(순조 1) 천주교도들에 대한 신유박해(辛酉迫害)가 일어나자 담정은 천주교도와 친분을 맺은 혐의로 체포되어 혹독한 문초를 당한 후 1801년 4월 우해(牛海, 옛 진해현으로 지금의 창원시 마산 합포구)로 유배지를 옮기게 되었다. 이후 1806년 아들의 상소로 풀려나기까지 10여 년 동안 길고도 무료했던 유배생활을 전전했다.

　『우해이어보』는 담정이 우해(牛海)에서 유배생활을 하면서 직접 관찰하거나 어민들로부터 전해 들은 이야기를 바탕으로 저술을 시작해 1803년 늦가을 탈고한 우리나라 최초의 어보이자 수산학서이다. 신유박해에 이어 황사영 백서 사건으로 신지도에서 흑산도로 옮겨 유배생활을 한 정약전(丁若銓, 1758~1816)이 1814년께 저술한『자산어보(玆山魚譜)』보다 11년 앞서며, 서유구(徐有榘, 1764~1845)의『난호어목지(蘭湖漁牧志)』(1820년께)보다 약 17년 앞선다.

　'우해'라는 이름은 지금의 창원시 마산합포구 진동면 고현리에 있는 우산(牛山, 198미터)에서 비롯된 것으로 보인다. 어보에는 진해 연안에 서식하는 물고기 53종, 갑각류 8종, 패류 11종이 등장한다. 아울러 대표 종을 소개하면서 근연종이란 이름으로 연관된 종까지 소개하고 있어 어보에 등장하는 생물종은 어류 81종,

갑각류 8종, 패류 15종에 이른다. 담정은 이에 대해 잉어, 상어, 방어처럼 누구나 알고 있는 어류나 해마와 같이 어류가 아닌 것, 아주 작고 가치가 없는 것이나 잘 알 수 없는 것들은 제외하고 이 채로운 종인 '이어(異魚)'만을 수록했다고 밝혔다. 또한 절반이 넘는 39종에 대해서는 〈우산잡곡(牛山雜曲)〉이라는 칠언절구(七言絕句)의 자작시를 남겨 당시 그가 보았던 진해지방의 풍물을 기록으로 남겨『우해이어보』의 인문학적, 문화 사회학적 가치를 더욱 높였다. 같은 시대를 살면서 흑산도로 유배를 간 정약전이 실학자의 관점에서 바다생물을 관찰해『자산어보』를 저술한 것과 달리, 담정은 한학자 또는 감수성 넘치는 시인의 관점으로 바다생물을 관찰하고 이를 은유적으로 표현했다는 점에서 흥미를 더한다. 그런데 이러한 은유적 표현은 사실성 부족으로 당시 담정이 관찰한 것이 대체 무엇을 이야기하는지 학자들 간 견해가 나뉘기도 한다. 어촌 생활이 처음이던 담정에게는 모든 것이 생소하고 신기하게 보였을 것이다. 여기에 더해 자기가 직접 보지 못한 것은 주변 사람들로부터 전해 듣다 보니 과장되거나 견강부회식 해석도 있었을 것이다.

담정은『우해이어보』를 저술한 이유를 "뒷날 성은을 입어 살아서 돌아가면 농부나 나무꾼들과 더불어 논에 물을 대고 밭에 김을 매는 겨를에, 이곳 먼 지방의 풍물을 한갓 늙은이들의 이야깃거리로 삼으려는 것뿐이지 감히 박물학적 지식에 만 분의 일이라도 덧보태려는 것은 아니다"라고 소박하게 밝히며 후학들의 이견(異見)을 포용하고자 했다.

『우해이어보』는 2004년 한문학자 박원준이 처음 번역한 이후, 언어학자 김홍석이 2008년 언어학적 관점에서『우해이어보와 자산어보 연구』를 펴냈다. 이후 마산문화원에서 김정대, 이정용, 우무석, 최헌섭, 박태성 등의 지역 인문학자들이 연구를 계속해 2016년 언어학자 이정용이『우해이어보의 어류 갑각류 패류 이름 연구』를 펴냈고 2017년에는 최헌섭·박태성이 인문학적 관점에서『최초의 물고기 이야기-신우해이어보』를 출간했다. 학자들은 자신의 학문적 배경과 경험을 통해 어보에 등장하는 어류, 갑각류, 패류의 명칭에 대해 알아내기 위해 노력했지만 몇몇 종에 대해서는 서로의 견해를 달리하고 있다.

필자는 20여 년 전『우해이어보』를 처음 접한 이후 그동안 십여 차례 통독했다. 이해하기 어려웠던 담정의 글은 2,200여 회에 이르는 수중탐사 경험이 쌓이면서 이해의 폭을 넓힐 수 있었다. 2018년 여름. 음모와 모략이 난무하고, 기회주의적 세태 속에 허덕지덕 살아가는 비굴한 인간상에 실망의 시간을 보내던 중 우해, 지금의 진동면 고현리를 다시 찾았다. 어촌마을을 걸으면서 귀양지에서의 담정의 처절했을 심경과 그리움의 시간들을 생각하게 되었다. 앞서 『우해이어보』를 번역한 박원준, 김홍석, 최헌섭, 박태성 학자들의 노력에 도움을 받아 19세기 초로 돌아가 담정의 시각에서 『우해이어보』를 본격적으로 정독했다. 과거 이해하지 못했던 의미들이 눈에 들어오기 시작했다. 이 책은 문헌연구와 현지인 인터뷰, 30년이 넘는 수중탐사 경험 등을 바탕으로 19세기 초 담정이 우해에서 관찰한 바다생물은 무엇인지를 추적한 결과물이다. 또한 이 책이 19세기 초반 진해를 중심으로 한 남해안 어촌 마을의 풍속을 이해하는 데 작은 도움이나마 되었으면 한다.

기해년(2019년) 11월
박 수 현

목 차

05 들어가는 글

12 서문
16 문절어(文鱊魚)
22 감송(鮎鮽)
28 보라어(甫羅魚)
34 공치(豇鮇)
40 마공치(馬豇鮇)
43 회회(鮰鮰)
46 서뢰(鼠鱲)
51 석하돈(石河魨)
60 침자어(沈子魚)
65 도알(都鱍)
68 한사어(閑鯊魚)
75 증얼(鯗鱍)
82 양타(鱇鮀)
92 오로(鶋鮱)
97 노로어(鱅奴魚)
103 석수사돈(石首查頓)
106 녹표어(鯸鰾魚)
112 표어(豹魚)

119 삼치(鯵鮢)
125 원앙(鮣鮏)
130 모질(鮳鱝)
132 청가오리(靑家鶋鯉)
135 귀홍(鬼鮏)
138 도골(鮈鮜)
144 윤양어(閏良魚)
148 호사(鱐鮢)
155 안반어(安鱕魚)
161 가달마지(可達鱋鮍)
164 영수(鱹鮢)
170 진청(眞鯖)
179 비옥(飛玉)
185 계도어(鯎魛魚)
189 겸장(鱇鯣)
194 망성(鮏芒鯉)
199 황소(鱇鮴)
204 석편자(石鯿子)
208 토묵(吐鱋)

19세기 초 담정은 무엇을 보았나?

211 은색리어(銀色鯉魚)
214 염고(魪羔)
216 해음경(海陰莖)
220 패어(貝魚)
222 흑호포(黑魱鮑)
225 매갈(鮇鰯)
229 어희(魚鱚)
232 범어(鯛魚)
237 용서(鱅鯙)
242 왜송(矮鮂)
244 전사전어(箭沙鱣魚)
246 인순(鱗笋)
248 첩전연어(帖錢鰱魚)
251 정자(釘鮓)
255 도달어(鮡達魚)
259 백조(白條)
262 해(蟹)
267 자해(紫蟹)
272 거등해(苣藤蟹)

276 석팽(石蟚)
279 마분해(馬糞蟹)
281 백월(白蛂)
284 거치해(鋸齒蟹)
288 변편(蝙蚄)
290 평상해(平床蟹)
293 사합(絲蛤)
302 노고합(老姑蛤)
304 장합(長蛤)
307 반월합(半月蛤)
309 복(鰒)
319 황라(黃螺)
325 앵무라(鸚鵡螺)
328 해라(蟹螺)
331 하아려자(蝦兒蠡子)
334 관조라(鸛鳥螺)
336 해삼고동(海蔘古董)

序文

牛海者鎭海之別名也 余之竄于鎭已二週歲矣 薄處島陬 門臨大海 與舶夫魚漢相爾汝 鱗彙介族相友愛 僦居主人家有小漁艇 童子年纔十一二 頗識幾字 每朝荷短等箸 持一釣竿 令童子奉烟茶爐具 掉艇而出 常往來於鯨波鰐浪之間 近或三五七里 遠或數十百里 信宿而返 四時皆然 不以得魚爲念 只喜日聞其所不聞 日見其所不見 夫魚之詭奇靈怪 可驚可愕者 不可彈數 始知海之所包 廣於陸之所包 而海蟲之多 過於陸蟲也 遂於暇日漫筆布寫 其形色性味之可記者 幷加採錄 若夫鯪鯉鱣鯊魴鱖鮦鯽 人所共知者 與海馬海牛海狗猪羊之與魚族不干者 及其細瑣鄙猥 不可名狀 且雖有方名而無意義可解 侏離難曉者 皆闕而不書 書凡一卷 玆加歡寫 名曰牛海異魚譜 以爲他日 若蒙恩生還 當與農夫樵叟 談絶域風物於灌畦耨田之暇 聊博晩暮一粲 非敢有裨乎博雅之萬一云
癸亥季秋小晦 寒皐纍子書于僦舍之雨篠軒

우해는 진해의 다른 이름이다. 내가 진해에 귀양 온 지 벌써 2년이 지났다. 섬 모퉁이 소박한 거처 문 앞으로 넓은 바다가 펼쳐져 있다. 뱃사람들이나 어부들과 서로 허물없이 지내면서 물고기 무리와 여러 조개류도 벗처럼 좋아하게 되었다. 내가 더부살이 하는 주인집에는 작은 고기잡이 배 한 척과 겨우 열한두 어 살 된 아이가 있었는데 글 몇 자를 알고 있는 정도였다. 매일 아침마다 짧은 대바구니를 메고 낚싯대 하나 들고는, 아이에게 차 끓이는 도구를 들리고 노를 저어 높은 파도와 거친 풍랑 사이를 오갔다. 가깝게는 몇 리의 바다로, 멀리는 수십 리, 수백 리 바다로 나가서 며칠 밤을 지내고 돌아올 때도 있었다. 사계절을 늘 그렇게 했는데 물고기를 잡는 것을 염두에 두지 않고, 다만 날마다 듣지 못하던 것을 듣고, 못 본 것을 보게 되는 것을

∴ 즐길 뿐이었다. 물고기들 중에는 기괴하고 놀라운 것들이 그 수를 헤아릴 수도 없이 많아 비로소 바다 속에 들어 있는 것들이 육지에 있는 것보다 훨씬 광범위하고, 바다의 생물이 육지의 생물보다 다양함을 알게 되었다. 한가한 날이면 생각나는 것들을 기록하는데 그 형태와 색깔, 습성, 맛 등을 서술해 가며 그때그때 채록한 것을 더했다.

그러나 비늘이 있는 큰 물고기인 릉(鯪), 잉어(鯉), 동자개(鱨), 상어(鯊), 방어(魴), 연어(鰂), 가물치(鮦), 오징어(鯽)처럼 사람들이 모두 알고 있는 어류나, 해마, 해우, 해구, 해저, 해양 등과 같이 물고기 종류로 구분할 수 없는 것들과 아주 작고 하찮은 것으로 여겨져서 그 이름조차 없는 것들은 모두 제외했다. 그리고 비록 정확한 이름이 있더라도 그 의미가 이해되지 않아 다른 나라의 말처럼 알아들을 수 없는 것들은 모두 빼고 기록하지 않았다.

책은 한 권인데 물고기에 대한 내용 이외에 덧붙여 기록한 것을 합하여 『우해이어보』라고 명명했다. 이는 훗날 성은을 입어 살아서 돌아가면 농부와 나무꾼과 더불어 논에 물을 대고 밭에 김을 매는 겨를에, 이곳의 풍물을 한갓 늙은이들의 이야깃거리로 삼으려는 것뿐이지 감히 박물학적 지식에 만 분의 일이라도 덧보태려는 것은 아니다.

- 계해년(1803년) 9월 29일 차가운 언덕(寒皐)*의
유배객이 셋방 우소헌에서 쓰다.

* 한고(寒皐), 담정의 별호(別號)이다.

문절어 文鱚魚

| 문절망둑 |

망둑엇과에 속한다.
몸길이는 약 10~20센티미터이며,
최대 25센티미터까지 자란다.
몸 색깔은 담황갈색 또는 담회황색으로
등 쪽은 짙고 배 쪽은 연하다.
옆면 중앙에는 불규칙한 암갈색 반문이 이어져 있다.
강 하구의 기수역과 연안 개펄이나
모래지역에서 서식한다.

文鰤魚 一名睡鮫 一名海鱖 狀似鱖魚而稍小
兩腮有肉鬣如犬乳 形體表裏通明 瀅徹如灰色 曼胡吻傍及顴
微紅而黃 背有黑點如噴墨 而甚細如撒芥 在海邊水淺
沙肥處 夜必成隊纍纍如貫珠 然頭向水外 身向水內而
睡 性甚愛睡 睡熟則人以手摸之而不知 故土人編竹爲
大桶 桶上尖下濶 無盖底中半爲長柄 夜深則持松明火
尋沙際魚所往來聚會之地 以桶搶覆之 桶半入水中
半出沙上 則魚盡在桶內 從桶上孔以手探而獲之 鷰食香
輭似鱖魚 作醢尤佳 土人言多食文鰤 則善睡 余自遭
患以來長歲無睡 遂成燥疾 囑儣舍主人日買文鰤 或糝食
或蠡食 頗有效 蓋此魚性涼能伏心火且能潤肺也余

문절어(文鰤魚)는 '수문(睡鮫)'또는 '해궐(海鱖)'이라고 한다. 생긴 모양은 쏘가리와 비슷하지만 조금 작다. 양쪽 뺨에 살집이 있는 것이 마치 개의 젖처럼 늘어져 갈기처럼 되어 있다. 그 생긴 모양새는 겉과 속이 투명하고 맑은데 회색의 길게 늘어진 구레나룻 같다. 주둥이 주위와 광대뼈에 이르는 부위는 약간 붉은색이 도는 황색이다. 등에는 검은 점이 있는데 먹물을 입에 머금어 뿜은 것처럼 아주 작아 마치 겨자를 뿌려 놓은 듯하다.

해변의 물이 얕고 모래가 많은 곳에서 주로 살아간다. 밤이 되면 무리를 이루어 구슬을 꿴 것처럼 줄을 지어 머리를 물 바깥쪽으로 향하고 잠을 잔다. 잠자는 것을 매우 좋아해 잠이 깊이 들면 사람들이 손으로 잡아도 모른다. 그래서 이곳 사람들은 대나무를 엮어 큰 통발을 만드는데, 통발 위는 좁게 하고 아래는 넓게 해서 뚜껑 없이 바닥 가운데 반쯤 되는 곳에 긴 장대자루를 만들어 놓는다.

밤이 깊어지면 소나무 횃불을 가지고 모래밭의 문절망둑이 드나들며 모이는 곳에 통발을 덮어둔다. 통발의 반은 물속에 들어가고 반은 모래 위로 나와 있어서, 문절망둑이 이 통발 안으로 들어가게 된다. 이때 통발위의 구멍으로 손을 더듬어가며 고기를 잡는다.

삶아 먹으면 향이 좋아 쏘가리와 같고, 회로 먹으면 더욱 맛이 좋다. 이곳 사람들은 "문절어를 많이 먹으면 잠을 잘 잔다"라고 한다. 내가 우환을 만나고 나서 지금까지 오랜 세월 동안 잠을 자지 못해 조질(燥疾), 즉 초조함과 불안함에 병이 생겼다. 세 들어 사는 주인에게 부탁해 매일 문절망둑을 사오게 했다. 어떤 때는 죽으로 먹고, 어떤 때는 회로 먹으니 매우 효과가 있었다. 아마도 이것은 이 고기의 성질이 차서 마음의 화를 누그러뜨리고, 폐를 건강하게 하기 때문일 것이다.

· ·

『우해이어보』첫 머리에 등장하는 어류는 문절어(文鰤魚)이다. 문절어는 문절망둑(농어목 망둑어과)이다.

문절어라는 이름은 무늬를 뜻하는 '문(文)'자에, 마디 또는 구획을 의미하는 '절(節)'자를 붙여서 만들어졌다. 이는 몸 중앙의 불규칙한 얼룩무늬와 등지느러미의 검은 반점이 비스듬하게 열을 이루고 있는 것을 특징화 한 것으로 볼 수 있다. 물고기 이름에 잠을 잔다는 의미의 '수(睡)'자를 붙여 수문(睡鮍)이라 한 것에 대해, 담정은 문절어가 밤이 되면 무리를 이루어 구슬을 꿴 것처럼 머리를 물 바깥쪽으로 향하고 잠을 자는데 이를 잠을 좋아하기 때문으로 보았다. 담정은 귀양지에서의 고충으로 불면증에 걸렸던 것으로 보인다. 담정이 불면증을 호소하자 어민들이 문절어를 권했을 것인데 문절어가 잠자기를 좋아하기에 문절어를 많이 먹으면 잠을 잘 잔다고 한 것은 흥미로운 대구이다.

문절어는 쏘가리 '궐(鱖)'자를 붙여 바다에 사는 쏘가리라 해서 '해궐(海鱖)'으로도 불렸는데 이에 대해 담정은 "생긴 모양이 쏘가리를 닮았고, 삶아 먹으면 향기가 그윽해서 쏘가리와 같다"라고 했다.

칠언절구 〈우산잡곡〉은 밤에 횃불을 들고 문절어를 찾아 나선 어촌마을 풍경을 그리고 있다. 아마 얕은 수심에서 살아가는 문절어 잡이는 아이들 차지였을 것이다.

망둥이는 600종 이상으로 가장 흔한 종이다. 우리나라에는 문절망둑과 말뚝망둥, 짱뚱어, 밀어 등 42종 정도가 서식하는 것으로 알려져 있다. 바닷물과 민물이 만나는 기수역에서 흔하게 볼 수 있는 물고기인 데다 생김새도 귀티가 나지 않아서인지 귀하게 대접받지는 못했다. 그래서일까. 제 분수를 모르고 남이 하는 대로 따라하는 것을 비유할 때 "숭어가 뛰니 망둥이도 뛴다"라 하고, 탐식성 때문에 적당한 미끼만 있으면 아무나 쉽게 잡을 수 있다 하여 "바보도 낚는 망둑어"라는 말도 생겨났다. 식탐이 강해 미끼가 없으면 미리 잡아둔 망둥이를 사용하는데 제 동족의 살을 베어줘도 한 입에 삼켜버린다 해서 친한 사람끼리 서로 헐뜯어대는 경박함을 "꼬시래기 제 살 뜯기"라고 한다.『자산어보』*에서는 이러한 습성을 빗대어 조상도 알아보지 못하는 물고기라는 의미로 무조어(無祖語)라고 했다.

『전어지(佃魚志)』**에는 망둥이 눈이 망원경 모양과 같다고 해서 망동어(望瞳魚), 뛰며 돌아다니는 물고기라는 뜻으로 탄도어(彈塗魚)라고 기록했다.

이러한 망둥이의 습성은 바보처럼 느긋하다는, 역설적인 해석도 가능하다. 그래서 느긋한 성향을 가진 망둥이를 먹으면 예

---

* 정약전이 신유박해(辛酉迫害)에 이은 황사영 백서 사건으로 신지도에서 흑산도로 옮겨 유배생활을 하는 동안에 저술한 것으로 1814년께 지었다. 흑산도 근해의 해양 생물 226종의 명칭, 크기, 형태, 생태, 포획방법, 이용법 등이 실학자적 관점에서 자세히 기록되어 있다.

** 서유구(1764~1845)가 1820년께 저술한 『난호어목지(蘭湖漁牧志)』를 근간으로 편찬하였으며 대략 1840년 무렵까지 교정을 보았던 것으로 파악된다. 『난호어목지』와 비교 시 수록 어종(민물 어패류 55종, 바다 어패류 78종, 미상의 어패류 21종)은 같지만, 그물 낚시, 통발 등 어렵도구와 어종별 포획방법 등이 아주 자세히 수록되어 있다. 직접 관찰한 것보다는 문헌 고증에 의한 것이 많다. 실제 어민들이 부르는 이름을 한글 속명으로 기록한 것이 특징이다.

민하거나 조급해서 생기는 불면증 치료에도 좋을 것이라는 것이 당시 사람들의 생각이었던 것으로 보인다.

<牛山雜曲>

黲泥岸坼海門隈
五夜松明數點開
長柄高挑編竹桶
村童捕得睡鮫回

<우산잡곡>

으슥한 바다 어귀 검은 진흙 펄 덮인 곳에
한밤중 솔가지 횃불 몇 개씩 켜있네.
긴 자루 높은 데 대통발 엮어 매고
어촌 아이들 문절망둑 잡아 돌아오네.

감 鮓
송 鮤

| 감성돔 |

감성돔은 몸 빛깔이 금속광택을 띤 회흑색이어서 전체적으로 검게 보인다. 그래서 검은돔으로 불리다가 감성돔으로 이름이 변하게 되었다. 지역에 따라 감상어(전남), 감성도미(경북), 감셍이(부산), 구릿(제주도), 맹이, 남정바리(강원도) 등으로 불린다. 감성돔을 가리켜 '구로다이'라 하는데 이는 일본어 검다는 말 '구로(Kuro)'에 돔을 뜻하는 '다이(Dai)'가 붙은 말이다.

鉗鯼 似金鯽而小 鱗渾白如爛銀 眼微紅 口極挾小
吞餌不能吐出 故釣者百無一失 鰭鬣勁利如刃 釣上詩
誤以手摘必傷手 秋後土人捕鉗鯼 刮鱗揃鬣 去頭截尾
瀉下腸膵 瀞洗剖兩片 凡鉗鯼二百片 炊秔米白鑿一升
俟冷入塩二勺 法麴麥芽細研 各一勺拌均 用小缸
內先舖飯 次舖魚片 層層塡滿 以竹葉厚蓋堅封
放淨處 待極熟出食 甘美爲魚醢第一 有一種 名土鉗
稍大而味淡 有泥氣 又有一種 名黏米鉗 尤小 然味最佳
膾炙抃良

감송(鉗鯼)은 금빛 붕어와 비슷하지만 약간 작다. 흰색 비늘은 찬란한 은(銀)과 같으며, 눈은 엷은 홍색이다. 주둥이는 매우 좁고 작아서 미끼를 삼키면 뱉어낼 수 없기에, 낚시하는 사람들은 백 번에 한 번이라도 놓치지 않는다. 옆 지느러미는 칼처럼 강하고 날카로워 낚시로 잡아 올렸을 때 잘못 건드리면 손을 다친다.

늦가을 이곳 사람들은 감송을 잡아, 비늘을 긁어내고 지느러미를 떼어낸다. 머리와 꼬리를 자르고 내장의 기름기를 없앤 후, 깨끗이 씻어 몸을 양편으로 가른다. 대개 감송 이 백 조각에다, 희게 찧은 멥쌀 한 되로 밥을 해서 식기를 기다린 뒤에 소금 두 국자를 넣고 누룩과 엿기름을 곱게 갈아 각각 한 국자씩 고르게 섞어 놓는다. 그리고 작은 항아리 안에 먼저 밥을 깐 다음 감송 조각을 겹겹이 가득 채워 넣고 대나무 잎으로 두껍게 덮어 단단히 봉해둔다. 이것을 깨끗한 곳에 두어 푹 삭기를 기다렸다가 꺼내 먹는다. 달고 맛이 있어 물고기를 소금에 절여 삭힌 것을 이르는 식해(食醢) 중에서 최고이다.

감성돔과 비슷하게 생긴 근연종이 있는데 '토감(土䰽)'이라는 물고기이다. 감송보다 조금 더 크고 맛은 담백한데 흙냄새가 난다. 또 '점미감(黏米䰽)'이라는 근연종도 있는데, 감송보다 작다. 그러나 맛은 가장 좋아서 회로 먹어도 좋고 구워 먹어도 좋다.

• •

감송이라 기록되어 있는 어류는 감성돔(농어목 도밋과)*을 말한다. 담정은 "감송(䰽鮂)은 비늘이 온통 흰색이라 찬란한 은(銀)과 같다"고 했다. 감성돔은 몸 빛깔이 금속광택을 띤 회흑색이어

---

* 혹자는 감성어를 '각시붕어'라 주장하기도 한다. 하지만 담정은 "감송의 지느러미는 칼처럼 억세고 날카로워 낚시로 잡을 때에 잘못해서 손으로 건드리면 반드시 손을 다치게 된다"고 했다. 각시붕어는 등지느러미가 부드러워 지느러미에 찔리는 경우가 없다. 또한 <우산잡곡>에서 감송을 낚는 장소를 창원시 진동면에 있는 해식절벽인 고지암 파도치는 곳이라 적었는데 각시붕어는 민물고기이므로 담정이 묘사한 장소와 배경이 맞지 않다.

서 전체적으로 검게 보인다. 제주도에서는 '감성'이 '검정'과 같은 의미로 통하니, '감송'은 검다는 의미의 '감성'을 음차한 것으로 보인다. 음차를 할 때 달다는 의미의 '감(甘)'자가 붙여진 것은, 담정이 표현한 "달고 맛이 있어 생선을 소금에 삭힌 것 중에서 으뜸이다"에서 이해를 도울 수 있다.

어보에 등장하는 해양생물들에 대한 기록은 담정이 직접 본 것도 있지만 주변 사람들에게서 전해 들은 것도 더러 있다. 그러다 보니 표현이 은유적이거나 다소 과장되기도 한다. 담정은 "감송(鮯鰊)은 금빛 붕어와 비슷하지만 약간 작다"라고 했는데 실제 감성돔은 크기가 붕어보다 크다. 담정이 약간 작다고 한 것은 당시 지역민들이 잡아들인 감성돔이 2~3년 정도 성장한 비교적 작은 크기였기 때문일 것이다. 왜냐하면 감성돔은 부화 후 만 1년이면 체장 15센티미터, 2년이면 21센티미터, 3년이면 26센티미터, 4년이면 30센티미터, 5년이면 33센티미터, 7년이면 37센티미터, 9년이면 40센티미터 전후로 자라기 때문이다. 아마 당시의 조업 장비로는 40센티미터 이상이나 되는 큰 감성돔을 잡기는 어려웠을 것이다.

이러한 관점에서 어보에 등장하는 토감(土鮯)은 4년 이상 성장한 감성돔으로 볼 수 있으며 뒤이어 등장하는 '점미감(黏米鮯)'은 1~2년생인 어린 감성돔으로 볼 수 있다. 담정은 토감에서 흙냄새가 난다고 했다. 감성돔은 바닷물과 민물이 만나는 기수권

역에서 살아가며 펄 속 먹이를 먹기에 흙냄새가 난다. 특히 성장한 감성돔일수록 먹이 사냥이 활발해지니 흙냄새가 좀 더 강하다. '점미감(黏米鰔)'은 고기 맛이 쫄깃하고 찰지다 해서 찹쌀을 뜻하는 '점미(黏米)'가 붙여진 것으로 보인다. 〈우산잡곡〉 4연에 '찰벼 나(稬)'를 붙인 것도 같은 맥락이다.

감성돔은 1~5월 성장이 나쁘며, 6~12월 성장이 가장 좋아 대물이 낚이는 가을이 제철이다. 당시 지역민들은 늦가을이면 갯바위에 올라 감성돔을 낚아 올리곤 했을 것이다. 담정은 〈우산잡곡〉에서 단풍잎 붉어지고 이슬이 짙어가는 늦가을, 석양에 물

고저암은 창원시 마산합포구 진동면 선두마을과 진전면 안밤티마을 사이의 돌출된 해식절벽이다.

든 바닷가에서 나감송(稬鮎鯠), 즉 점미감(黏米鮎)을 낚는 모습을 한 폭의 동양화처럼 묘사하고 있다. 담정의 말대로 한 번 걸려들기만 하면 절대 놓치지 않는 감송어이니만큼, 이를 낚아채는 낚싯대는 쉴 새 없이 석양에 번득였을 것이다.

<牛山雜曲>

青楓葉赤露華濃
高藚巖頭水正春
斜日照波魚善食
彩竿飛上稬鮎鯠

<우산잡곡>

붉게 변한 단풍잎에 이슬은 짙어가니
고저암 어귀에는 바닷물 일렁이네.
노을 비스듬히 파도에 비치면 미끼도 잘 물지
낚싯대 번득이니 찰감송 날아오르네.

보라어 甫鱲魚

| 볼락 |

볼락은 양볼락과 어류의 대표 종이다. 타원형으로 옆으로 납작하며 주둥이는 뾰족하고 아래턱이 위턱보다 길다. 수심과 서식지에 따라 차이가 있지만 보통 회갈색이다. 몸 옆구리에 불분명한 갈색 가로 띠가 5~6줄 희미하게 있어 곱게 보인다. 볼락류의 가장 큰 특징 중 하나는 도드라져 있는 큰 눈이다.

甫鸓魚狀似湖西所產黃石魚 而極小色淡紫
土人呼以甫鮥 或亹箻魚 然東方方言 以淡紫色爲甫羅
甫美也 甫羅者 猶言美錦也 然則甫羅之名 必昉於此
鎭海漁人往往網得 然下甚多 每歲巨濟府人 捕甫鸓爲鮓
船運數百甕 來海口販賣 易生麻而去 蓋巨濟多產此魚而
麤枲甚貴也 鮓味微醶而甘如米餳 登盤粲然 色尤絶佳
鮮時煮食 畧有沙臭

보라어(甫鸓魚)는 모양이 호서 지방의 황석어와 비슷하다. 아주 작고 색이 엷은 자주색이다. 이곳 사람들은 '보라어(甫羅魚)'를 '보락(甫鮥)'이나 '볼락어(亹箻魚)'라 부른다. 우리나라 방언에 엷은 자주색을 '보라(甫羅)'라 하는데, '보(甫)'는 '아름답다'는 뜻이니 '보라(甫羅)'는 '아름다운 비단'이라는 뜻이다. 그러므로 '보라(甫羅)'라는 물고기 이름은 여기에서 유래했음이 분명하다.

진해 어부들은 종종 그물로 이 물고기를 잡지만, 많이 잡지는 못한다. 해마다 거제도 사람들이 보라어를 잡아 젓갈을 담아 배로 수백 항아리씩 싣고 와서 바닷가 부두에서 팔아 생마(生麻)와 바꿔 간다. 거제도에는 보라어가 많이 잡히지만, 모시는 매우 귀하기 때문이다. 젓갈 맛은 조금 짭짤하면서도 달콤해 마치 쌀로 만든 엿과 같다. 밥상에 올려놓으면 윤기가 흐르고 색깔이 더욱 좋다. 신선할 때 삶아 먹는데 졸아들면 모래 냄새가 약간 난다.

보라어(甫鱳魚)는 볼락(쏨뱅이목 양볼락과)*을 말한다. 담정은 볼락을 보라어로 기록하고 진해사람들이 보라(甫鮥) 또는 볼락어(乶犖魚)라 부른다고 했다. 그리고 보라어에 대한 풀이로 "우리나라 방언에 엷은 자주색을 보라(甫羅)라고 하는데, 보(甫)는 아름답다는 뜻이니 보라는 아름다운 비단이라는 말과 같다"라며 볼락이라는 이름은 곱고 아름다운 색(色)에서 나왔다고 했다. 실제 볼락은 엷은 자주색을 띠고 있어 체색이 곱다.

볼락은 우리나라 남해, 동해남부, 서해남부, 제주도 등에 서식하며, 일본 북해도 이남에도 분포한다. 특히 경남 연안에 많이 서식하는 데다 대규모로 양식되면서 경남 도어(道魚)로 지정되어 있다. 볼락의 몸은 타원형으로 옆으로 납작하며 주둥이는 뾰족하고 아래턱이 위턱보다 길다. 몸 빛깔은 수심과 서식지에 따라 차이가 있지만 보통 회갈색이며, 몸 옆구리에는 불분명한 갈색의 가로 띠가 5~6줄 희미하게 있다. 볼락류의 가장 큰 특징은 도드라져 있는 큰 눈이다. 낮 시간에는 암초 부근을 회유하거나 암초

---

* 양볼락과에는 볼락, 불볼락(열기), 조피볼락(우럭), 개볼락(꺽저구), 띠볼락 등 여러 종이 있다. 게다가 이들은 지역마다 뽈락, 뽈리구, 꺽저구, 열갱이, 열광이, 우럭, 우레기, 볼닉, 감싱볼낙, 술볼래기, 검처구 등의 다양한 사투리로도 불린다.

벽면을 따라 머리를 위로 한 채 머무르다, 밤이 이슥해지면 눈을 크게 뜨고 먹이 활동을 벌인다. 가끔 머리를 위로 한 채 수면 가까이까지 떠오르기까지 한다. 이들은 야행성이다 보니 당시 볼락 어로작업은 주로 밤에 이루어졌을 것이다. 그래서 〈우산잡곡〉에 표현한 대로 거제도 사공들이 밤새 잡아들인 볼락을 싣고 진해 포구에 도착한 것은 달이 질 무렵인 새벽녘이었을 것이다. 담정은 거제도 사공들이 떠들어대는 와자지껄한 소리와 함께 시작하는 어촌의 아침을 〈우산잡곡〉에서 살려냈다. 또한 시와 기록을 통해 당시 거제도와 진해 간에 볼락어 젓갈과 생마가 활발하게 유통되었음을 알 수 있다.

볼락류에 속하는 어류들은 특이하게 난태생이다. 교미를 마친 암컷은 배 속에서 알을 부화시킨 후 새끼를 낳는다. 11월 하순~12월 초순께 교미기가 지나면 다음해 1~2월께에 크기 4~5밀리미터 정도의 어린 새끼들이 태어난다. 1년생 암컷의 경우 5,000~7,000마리, 3년생의 경우 약 3만 마리의 새끼를 낳을 수 있다. 이른 봄 태어난 새끼들은 얕은 수심대 해조류 사이에서 무리를 이루다가 어느 정도 성장하면 점점 깊은 수심으로 내려간다.

볼락은 불볼락, 조피볼락, 개볼락, 띠볼락 등 여러 종이 분포한다. 열기라는 이름으로 잘 알려져 있는 불볼락은 전남 신안군 홍도, 흑산도 가거도 등 서해 남부 도서지역의 특산이며 체색이 불타듯 붉은색이다. 우리나라에서 넙치 다음으로 양식을 많이 하는 조피볼락*은 우럭**이라는 이름으로 더 잘 알려져 있는데, 볼락류 중에서는 가장 큰 종으로 몸길이가 60센티미터 이상 성장한다. 조피볼락은 고운 색의 볼락과 달리 암회색의 체색이 거칠게 느껴진다. 그래서 이름도 식물의 줄기나 뿌리 따위의 거칠거칠한 껍질을 의미하는 우리말 '조피'가 붙여졌다.

| 불볼락(열기) |

'열기'라는 이름으로 잘 알려져 있는 불볼락은 볼락·조피볼락과 더불어 양볼락과의 대표 종이다. 볼락과 생긴 형태는 비슷하지만, 전체적으로 붉은색을 띠고 등에 4~5개의 짙은 갈색 무늬가 있어 쉽게 구별된다. 크기는 보통 20센티미터 전후이다. 불볼락의 대표적 산지는 전남 신안군 홍도, 흑산도, 가거도 등이다. 홍도에서는 매년 9월이면 신안 불볼락 축제가 열린다.

---

* 『자산어보』에는 조피볼락을 검어, 검처귀로 기록하며 "언제나 돌 틈에 서식하면서 멀리 헤엄쳐 나가지 않는다"고 했다. 실제 조피볼락은 바위틈을 좋아해 암초지대에서 살아간다. 이런 습성 때문에 서구에서 조피볼락을 '락피시(Rock fish)'라 부른다.

** 조피볼락을 흔히 우럭이라 부르는 것은 서유구의 『전어지』에 '울억어(鬱抑漁)'라 기록된 데서 유래한다. 조피볼락이 입을 꾹 다물고 있는 모습이 고집스럽고 답답해 보여 '막힐 울', '누를 억'자를 쓴 것으로 추정된다. 입을 꾹 다물고 말하지 않는 답답한 상황을 "고집쟁이 우럭 입 다물 듯"이라고 표현하는 것도 같은 맥락에서 해석된다.

<牛山雜曲>

月落烏嘶海色昏
亥潮初漲打柴門
遙知蕈挙商船到
巨濟沙工水際喧

<우산잡곡>

달 지고 까마귀 우는 어두운 바다
한밤중 밀물 불어나 사립문 두드리네.
볼락 실은 배 도착은 멀리서도 알겠네.
거제도 사공들 바닷가에서 떠들어대네.

공치 魟 鮃

| 학꽁치 |

학꽁치는 아래턱이 위턱보다 배 이상 길게 뻗어 있어 담정이 잘못 관찰하거나 기록한 것으로 보인다.

魟鮛 象鼻魚也 土人呼曰昆雉 體細而長 縹色有嘴
上嘴長如鳥啄 而勁如鍼淡黃色 至尖爲雙刺 段紅如點朱砂
下嘴短如鸞頷 頭及眼邊 皆深綠色 渾身鱗鬣 燦爛如錦
自頭至嘴尖五寸 則至尾亦五寸 自頭下至尾一尺 則至嘴尖亦一尺
頭居中五分之一 大者尺餘 小者三四寸 此魚喜雨 每抄秋雨來
輒成羣浮水上 上下體蟠屈之 玄如鰻鱺 嘴向空如鳧鷖 鱠喫甚佳
然此魚魚品中最腥 有一種 名蕎花魟鮛 體稍肥 嘴尖白如蘸粉
味勝嘴紅者

공치는 상비어(象鼻魚)이다. 이곳 사람들은 '곤치(昆雉)'라 부른다. 몸이 가늘고 길며 옥빛을 띠고 끝이 뽀족하게 튀어나온 주둥이가 있다. 위쪽의 주둥이는 새의 부리처럼 길고 침처럼 뽀족하며 엷은 황색이지만, 끝 부분에 이르면 한 쌍으로 나뉘어 마치 주사(朱砂)*를 점점이 찍은 것처럼 검붉

---

* 수은과 황의 화합으로 만들어진 광물. 육방정계(六方晶系)에 속하고 진한 붉은색이며 안료, 약재로 쓰인다.

은색이다. 아래 주둥이는 제비의 턱처럼 짧고 머리와 더불어 눈 주변은 모두 짙은 녹색이며 온몸의 비늘과 지느러미가 비단처럼 반짝인다. 머리에서 주둥이 끝까지 5촌(寸)이며, 머리에서 꼬리까지도 5촌이다. 그러므로 머리에서 꼬리까지가 1척(尺)이면 머리에서 주둥이 끝까지도 역시 1척이다. 머리는 전체를 5등분 하면 한가운데에 위치한다. 큰 것은 1척을 넘으며 작은 것은 3~4촌 정도 된다.

이 물고기는 비를 좋아하여 매번 가을비가 올 때 무리를 이루어 물 위에 떠오른다. 위 아래로 몸을 돌리면서 모여 있으면 뱀장어처럼 돌아서 어지러우며, 주둥이를 하늘로 향하는 것이 마치 오리가 부리를 드는 것 같다. 회로 먹으면 매우 맛있다. 그러나 물고기 중에서 가장 비리다.

'교화공치(蕎花魟鯐)'라는 근연종도 있다. 몸이 조금 더 살쪘고 주둥이의 끝이 분가루에 담근 것처럼 하얗다. 주둥이가 붉은 것이 맛이 더 좋다.

• •

　어보에 등장하는 공치(魟鯐)는 학꽁치(동갈치목 학꽁칫과)이다. 당시대에는 학꽁치의 주둥이가 코끼리 코처럼 생겨 상비어(象鼻魚)라 불렀음을 알 수 있다. 담정은 이에 대한 부연설명으로 뾰족하게 튀어나온 주둥이가 새의 부리처럼 길다고 했다. 하지만 학꽁치의 위쪽 주둥이가 길다고 한 것은 관찰 또는 기록이 잘못된 것으로 보인다. 실제 학꽁치는 아래턱이 위턱보다 배 이상 길게 뻗어 있다. 어보에는 학꽁치를 두고 '곤치(昆雉)'라고도 썼다. 이는 학꽁치 등 꽁치류가 무리를 이루어 다니는 습성 때문에 많다는 것을 의미하는 '곤(昆)'자를 쓴 것으로 보인다. 담정은 이들이 "떼를 지어 물 위로 떠오르며, 뱀장어처럼 돌아서 어지럽다"라고 했다. 하지만 정약용의 『아언각비(雅言覺非)』*에는 공치라는 이름의 유래에 대해, 아가미 근처에 침을 놓은 것과 같은 구멍이 있어 '구멍 공(孔)'을 붙였다고 기록되어 있다. 정약전의 『자산어보』에는 학꽁치의 아랫부리가 침같이 가늘다 하여 '침어(鱵魚)'라 하고 속명을 '공치어(孔峙魚)'라 하였다. 학꽁치는 '강태공조침어(姜太公釣針魚)'라고도 부른다. 이는 중국 주나라 강태공이 학꽁치 아래턱에 있는 곧은 뼈를 낚싯바늘 삼아 낚시를 즐긴 데서 유래하여 '강태공이 낚싯바늘로 삼은 물고기'라는 뜻이다. 강태공이 곧은 낚싯바늘을 사용한 것은 고기를 잡기 위함이 아니라 세월을 낚기 위함이었다고도 하는데, 이를 두고 혹자는 옛날에는 곧은 바늘을 이용해 낚시를 하기도 했다며 강태공이 세월과 함께 고기도 낚았을 것이라는 이야기를 하기도 한다.

근연종으로 소개된 교화공치를 두고 줄꽁치라 하는 주장도 있다. 그런데 담정은 교화공치가 '학꽁치보다 몸이 조금 더 살쪘고

---

* 1819년 실학자 정약용이 어휘에 대한 풀이와 올바른 용법을 제시하여 저술한 책이다. 당시 널리 쓰이고 있던 말과, 글 가운데 잘못 쓰이거나 어원이 불확실한 것을 골라 고증을 통해 뜻·어원·쓰임새를 설명했다.

주둥이의 끝 부분이 분가루에 담근 것처럼 하얗다'고 표현하였지만, 줄꽁치는 학꽁치보다 크기가 작으며 주둥이 끝이 검은색이다. 담정이 말한 교화공치가 어떤 종을 지칭하는지 정확하지는 않다.

학꽁치는 껍질을 얇게 벗겨내 회를 뜨는데 지방이 적어 맛이 담백하다. 말려서 어포 형태로 가공한 것이 맥주 안주로 등장하는 '사요리'이다. '사요리(さより)'는 학꽁치의 일본식 이름이다.

담정은 매번 가을비가 올 때 무리를 이루어 물 위에 떠오른다며 가을이 학꽁치의 제철임을 은연중에 이야기하고 있다. 계절 회유성인 학꽁치는 봄과 여름에 북상했다가 수온이 내려가는 가을에서 겨울철에 남하하기에 가을이면 담정의 유배지였던 진해 연안에 모습을 많이 드러냈음직하다. 담정은 〈우산잡곡〉에서 비 오는 포구와 쓸쓸한 바닷가의 정경을 그려내며 꽁치를 낚는 노인의 모습을 한 폭의 민화처럼 시로 표현했다.

<牛山雜曲>

樓船津上雨霏霏
淡竹蕭椮護石磯
笋笠釣翁端的好
蕎花昆雉荷肩歸

<우산잡곡>

다락배* 나루터에 부슬부슬 비 내리고
담죽(淡竹)**이 소소하게 둘러싼 바위 낚시터
죽순 삿갓 쓴 노인 시작부터 낚시가 잘 되었는지
교화공치 어깨에 둘러메고 돌아오네.

---

* 이층으로 지어져 다락이 있는 배를 말한다. 주로 해전이나 뱃놀이에 쓰였다.

** 볏과에 속한 대의 하나로 10미터 이상 자란다.

마馬공紅치鮐

| 동갈치 |

동갈치는 꽁치, 학꽁치 등과 같은 동갈치목에 속하는 어류이다. 이빨이 날카로우며 주둥이가 길고 뾰족해 영어권에서는 '바늘고기(Needle Fish)'라고 부른다.

形似魟鯯 而大 曰馬魟鯯 土人通名魟鯯 然余見此魚
上嘴長 下嘴短 決非馬魟鯯 今場市間作鱐盛賣者

모양이 공치와 비슷하지만 조금 더 크기에 '마공치(馬魟鯯)'라 부른다. 이곳 사람들은 그냥 '공치'라고 한다. 그러나 내가 이 물고기를 보니, 위 주둥이가 길고 아래 주둥이가 짧은 것이 결코 공치는 아니다. 지금 시장에서 포로 말려놓고 많이 팔고 있다.

· ·

선조들은 다소 큰 것을 지칭할 때 '말'이라는 접사를 붙이곤 했다. 그래서 꽁치와 비슷하게 생겼으면서 크기가 큰 것을 마공치라 불렀던 것으로 보인다. 그런데 담정은 사람들이 마공치라 부르는 어류를 두고 위 주둥이가 길고 아래 주둥이가 짧으므로 절대 공치와 같은 종류가 아니라고 했다. 앞서 공치의 주둥이 길이에 대한 기록이 담정의 착각에 의한 것이라고 볼 때, 마공치는 아열대에서 온대해역에 걸쳐 살아가는 동갈치임을 알 수 있다. 학꽁치가 아래턱이 길게 돌출되어 있는 것과 달리 동갈치는 양턱이 모두 돌출되어 있으며 위턱과 아래턱의 길이가 거의 같으며 보기에 따라서는 위턱이 길어 보이기도 한다. 동갈치는 부화 후 만 1년이면 체장 40~55센티미터, 3년이면 수컷이 76센티미터, 암컷은 82센티미터로 자란다. 완전 성장하면 길이가 100센티미터 정도에 이른다. 우리나라 전 연안, 일본 북해도 이남, 연해주에 걸쳐 분포하고, 작은 어류 등을 잡아먹지만 갑각류도 포식한다.

회鮰
회鮰

| 실붕장어 |

경남 연안에서 백어, 실치, 사백어라 생각하며 '뱅아리'라는 이름으로 많이 먹어왔던 어류의 대부분이 붕장어의 치어인 것으로 밝혀졌다. 담정이 관찰한 회회 역시 붕장어 치어인 실붕장어로 보인다.

19세기 초 담정은 무엇을 보았나? • 43

鮰鮰形似蚘蟲色白 兩端皆行 無頭眼 如蚓螾細長
島人以爲鮓菹甘美

회회(鮰鮰)는 회충과 비슷하게 생겼으며 흰색이다. 양쪽 끝으로 모두 다닌다. 머리는 없으며 눈은 지렁이와 같은데 가늘고 길다. 섬사람들은 이것을 가지고 젓갈을 만드는데 맛이 좋다.

· ·

    회회를 두고 실치(농어목 황줄베도라칫과), 뱅어(바다빙어목 뱅엇과) 또는 온몸이 투명하다가 죽으면 흰색으로 바뀌는 사백어(死白魚, 농어목 망둑엇과) 등이라는 견해가 있다. 하나씩 짚어 보면 베도라치의 치어인 실치는 주산지가 충남 당진, 보령, 태안 등의 연안이므로 남해안 진해에서 젓갈을 담을 정도로 많이 잡히지는 않았을 것이다. 뱅어는 『세종실록지리지(世宗實錄地理志)』, 『신증동국여지승람(新增東國輿地勝覽)』의 각지 토산에 백어(白魚)로 등장하며 진상품으로 기록하고 있다. 귀양살이에서 풀려나기를 학수고대하던 담정이 임금에게 진상하던 귀한 어류인 백어를 '벌레 충(蟲)'으로 묘사하진 않았을 것이다. 또한 뱅어는 『우해이어보』에 '비옥(飛玉)'으로 등장하므로 뱅어가 아님이 분명하다. 사백어는 경남 지방에선 '병아리'라 부르며 횟감 또는 외줄낚시 미끼로 사용될 만큼 흔한 종이라 가장 근접하지만 담정은 '머리가 없고 눈이 지렁이처럼 가늘다'고 했다.

담정이 회회(鮰鮰)로 기록한 종은 무엇일까. 고민에 빠지던 중 2011년 6월 28일 경남 수산자원연구소에서 발표한 연구결과가 눈에 들어왔다. 이에 의하면 경남 남해군, 고성군, 통영시 연안에서 병아리라 불리며 횟감으로 즐기는 작은 어류가 붕장어의 치어인 '실뱀장어'라는 것이다. 이는 한국해양연구원과 부경대학교의 유전자분석과 형태학적 분석 등에 의해 과학적으로 입증되었다. 연구 결과를 바탕으로 하면 담정이 관찰한 회회(鮰鮰)는 아직 눈이 제대로 발달하지 못했을 단계인 실붕장어라고 결론지을 수 있다.

그럼 왜 실붕장어를 두고 회회(鮰鮰)라고 했을까? 당시 사람들이 회회(鮰鮰)라 불렀는지 담정이 그렇게 명명했는지는 명확하지 않다. 담정은 기록에 '虫'을 쓰고 있는데 '훼'라고도 읽기에, 음차해서 기록할 때 비슷한 음을 찾아 '회(鮰)'자를 쓴 것으로 보인다. 덧붙여 '고기 어(魚)'에 '돌아올 회(回)'자를 사용한 것은 실붕장어가 연중 잡히는 어종이 아니라 4~5월 때를 맞춰 남해안으로 돌아오는 것을 의미하는 바일 터이다. 당시 어민들은 실붕장어가 때에 맞춰 돌아오는 어류임을 알고 있었기 때문이다.

서鼠
뢰鱱

| 쥐노래미 |

부레가 퇴화된 쥐노래미는 움직임을 멈추면 바닥에 가라앉기에 대부분의 시간을 바닥에 엎드려 있다. 이를 관찰한 담정이 '常伏水中'이라 기록했음직하다.

鼠鱺鼠魚也 渾身似鼠 無耳及四足 色淡灰 皮皆腥涎不可近手
大者一尺 常伏水中 善食釣餌而口小不能吞 從傍囓食如鼠
此魚極難捕 釣者作釣鉤 如菉豆大爲七八 短尖芒刺如疾藜
以大麥飯一粒裏之 不用長竿手持釣絲 一二丈絲 去鉤寸許
繫小鉛丸一枚 據船頭 下瞰水色 直垂下去 若見水色微動急伸手
向船尾擲上則魚隨上來 少遲則已吐 去皮腸頭尾燒食

서뢰(鼠鱺)는 쥐고기(鼠魚)이다. 온몸이 쥐와 비슷하나 귀와 네 발의 지느러미가 없다. 색은 엷은 회색이며, 껍질은 모두 비릿한 점액으로 되어 있어 끈적이므로 만지기 어렵다. 큰 것은 한 자 정도인데 항상 물속에 엎드려 있다. 미끼를 잘 물지만 입이 작아 삼키지 못한다. 다만 미끼의 옆쪽을 갉아 먹는 것이 쥐와 같다.

이 물고기는 낚시로 잡기가 매우 어렵다. 낚시꾼은 낚시(미끼를 꿰어 물고기를 잡는 데 쓰는 작은 쇠갈고리)를 녹두 크기만 하게 만드는데, 일고여덟

개의 작고 뾰족한 가시를 가진 남가새* 열매 모양으로 만든 뒤 큰 보리 밥알 한 개를 그 안에 끼워둔다. 긴 장대 낚싯대를 사용하지 않고 손으로 직접 낚싯줄을 잡고 1~2장 길이로 내린다. 낚싯줄에 달린 낚싯바늘에서 1촌쯤 떨어진 곳에 납덩어리 1개를 매달아 둔다. 배의 앞머리에 기대어 물색을 바라보고 있다가 물색이 조금이라도 변하면 재빠르게 손을 채어 뒤쪽으로 향해 올려야 한다. 그러면 물고기가 줄을 따라 올라온다. 조금이라도 지체하면 낚시를 뱉어 버린다. 껍질과 창자, 머리와 꼬리는 버리고 구워 먹는다.

・・

어보에 등장하는 서뢰(鼠鱛)를 두고 다수의 문헌에서 복어목에 속하는 '쥐치'라 해석하지만 서뢰는 쏨뱅이목에 속하는 쥐노래미로 봐야 한다.

쥐노래미는 예로부터 인기 있던 식용 대상어였다. 탐식성이 강한 쥐노래미는 크기가 30~40센티미터까지 자란다. 담정의 기록을 쥐노래미라고 봐야 하는 이유는 다음과 같다. 우선 '색이 엷은 회색'이라 했는데 쥐노래미의 복부가 회색(쥐색)인 점이 그러하다. 또한 담정은 "껍질은 모두 비릿하고 끈끈해서 손으로 만질

---

* 바닷가 모래땅에 자라는 한해살이풀로 줄기는 옆으로 뻗으며, 길이는 1미터 정도이다. 전체에 구부러진 짧은 털과 퍼진 긴 털이 있다. 열매는 둥글며, 겉에 가시 털과 뾰족한 돌기가 있다. 어보에 등장하는 '질려(蒺藜)'는 남가새 열매로 보인다.

수 없다"라고 했다. 복어목에 속하는 쥐치는 껍질이 거친 편이라 끈끈하다는 묘사는 맞지 않다. 쥐치의 영어명을 보더라도 '파일피시(File fish)', 또는 '레더 재킷(Leather Jacket)'으로 이는 쥐치의 표피가 마치 줄이나 가죽처럼 꺼칠꺼칠하기 때문이다. 쥐치의 중국명 '초(草)' 또는 '피어(皮魚)' 역시 거칠고 질긴 껍질을 나타낸다. 그리고 가장 중요한 부분이 '항상 물속에 엎드려 있다'는 부분이다. 물속에서 관찰하면 쥐치는 늘 분주하게 헤엄치지만 부레가 퇴화된 쥐노래미는 바닥에 엎드려 지내는 시간이 많다. 아마 담정은 잡혀온 쥐노래미가 물고기를 담아둔 대야바닥에 엎드려 있는 모양새를 관찰하고 '常伏水中', 즉 물속에서 늘 엎드려 있다고 표현했음직하다.

| 쥐치 |

쥐치가 주둥이로 물을 뿜어내며 바닥에 몸을 숨긴 작은 바다동물을 찾고 있다. 주변에 모여든 용치놀래기들이 쥐치의 눈치를 보며 노출되는 먹잇감을 노리고 있다. 담정이 기록한 서뢰(鼠鱲)를 쥐치로 보기는 어렵다.

쥐노래미와 닮은 종으로 노래미가 있다. 개체수가 많고 얕은 수심에 사는 데다 탐식성이 강해 미끼를 던지면 어디서나 잘 낚인다. 몸은 가늘고 긴 원통형이며 적갈색, 흑갈색, 갈색 등 서식처와 개체에 따라 체색이 다양하기에 회색인 쥐노래미와는 구별된다. 크기 또한 쥐노래미보다 작아 20센티미터 남짓하다.

<牛山雜曲>

輕搖舴艋下烟灘
紅日初生碧海寒
獨坐蓬窓何許子
指端撈出鼠魚看

<우산잡곡>

안개 낀 여울 흔들리는 쪽배에서
붉은 해 떠올라도 푸른 바다 싸늘하네.
봉창(蓬窓)*에 홀로 앉은 이 누구인지
손가락 끝으로 잡아 올린 쥐노래미 보여주네.

---

* 쑥대를 엮어 만든 배의 창을 말한다.

석하돈 石河魨

| 복어 |

복어는 아가미구멍을 통해 물이나 공기를 들이마셔 몸을 부풀린다. 필리핀에서 만난 현지 가이드가 복어를 잡아 자극을 주자 복어가 물을 들이켜 몸을 부풀리고 있다.

石河魨名鰒鱛 形如河豚而少異 土人以爲河豚子
然余見鰒鱛 頷下有紫色肉疣如赤豆 以此知非河豚子
然盖與河豚同祖 而異族者 此魚性甚悍毒 初捕出則怒腹彭張
口中閤閤 作老蛙叫 以腹傅石上艖磨之 則愈怒張如鵝卵
以巨石堅壓 齒碎眼破 而張猶不銷 方劇張時 以石子急打
則殷地作霹靂聲 腹坼如刀剖 中央脊肉 皆糜傷如泥 而坼腹兩邊
猶張如鼓皮 敲之則倥倥 然此魚呑釣不死 又善斷釣絲
土人捕得 往往煮食 然令人腹痛 有一種名鶺鰒鱛
一名蜻蜓鱛魚 甚小背皆白點 眼珠突出青綠色如蜻蜓眼
常在水邊 捎食胡蝶蜂兒蜘蛛海螳水馬諸蟲 潮至則浮水上歠衆魚
惡涎毒尿 故尤有大毒 誤食殺人 又有一種名癩河魨 比鰒鱛甚大
有大毒聲如烏鴉 渾身瘰毀如癩蝦蟆 人摩之生疥癬疣 又有一種
名黃沙鰒鱛 梢小而無斑點 渾身黃色 摩之則屑落如泥金細沙 染衣
作梔子黃色
瀚之不洗 能生瘡疥 有大毒

석하돈(石河魨)의 명칭은 복증(鰒鱛)이다. 하돈(河豚)과 비슷하게 생겼으나 조금 작다. 그래서 이곳 사람들은 하돈 새끼라고 생각한다. 그러나 내가 복증(鰒鱛)을 보니 턱 아래에 붉은 팥을 닮은 자주색 사마귀가 달려 있어

하돈 새끼는 아니라고 생각한다. 그러나 아마도 하돈과 같은 종류로서 근연종일 것이다. 석하돈은 성질이 매우 사납고 표독스럽다. 잡혀서 나오면 성이 나서 배를 부풀려 늙은 개구리가 울부짖는 소리를 낸다. 배를 돌로 눌러 거룻배 위에 올려놓고 문지르면 더욱 화가 나서 배가 거위 알처럼 부풀어 오른다. 이때 큰 돌로 배를 강하게 누르면 이빨이 깨지고 눈알이 부서지지만, 부풀어 오른 배는 꺼지지 않는다. 최고로 부풀어 올랐을 때 돌덩이로 세게 때리면 땅을 뒤흔드는 것 같은 벼락 소리가 난다.

이때 배가 터진 곳의 모양이 마치 칼로 가운데를 가른 것과 같다. 등뼈와 살이 모두 진흙 펄처럼 문드러지고 상하지만, 갈라진 배의 양쪽 끝은 오히려 북의 가죽처럼 넓어져서 그것을 두드리면 둥둥 북소리가 난다. 또한 석하돈은 낚시 바늘을 삼켜도 죽지 않고, 또 낚싯줄도 잘 끊어 놓는다. 이곳 사람들은 석하돈을 잡으면 간혹 익혀 먹지만, 먹은 사람들은 복통을 일으킨다.

'작복증(鵲鰒鱛)'이라는 근연종도 있는데, '청정증어(蜻蜓鱛魚)'라고도 부른다. 아주 작고 등 전체에 흰 점이 있다. 눈알은 청록색으로 잠자리 눈알처럼 돌출되어 있다. 항상 물가에 있으면서 나비종류, 벌, 거미, 바다벌레, 수마 등 여러 곤충들을 잡아먹는다. 조수가 밀려오면 물 위로 떠올라 여러 물고기들의 나쁜 점액과 독한 배설물을 먹어서 더욱 강한 독을 가지게 된다. 잘못 먹으면 사람이 죽는다.

또 '나하돈(癩河魨)'이라는 근연종도 있다. 이 복어는 매우 크고 맹독이 있으며, 까마귀 소리를 낸다. 온몸에 옴처럼 상처가 있어 마치 문둥병에 걸린 두꺼비 같다. 사람들이 만지면 옴과 어루러기 같은 피부병이 생긴다.

또 '황사복증(黃沙鰒鱠)'이라는 근연종도 있다. 약간 작고 반점이 없다. 온몸이 황색이다. 손으로 만지면 이금(泥金)이나 가는 모래처럼 가루가 떨어지고, 치자(梔子)같은 누런 색깔이 옷에 묻어서, 빨아도 지지 않는다. 능히 부스럼이나 옴이 생길 수 있고, 맹독이 있다.

・・

『우해이어보』에는 복(鰒)에 속하는 어류로 석하돈(石河魨), 작복증(鵲鰒鱠), 나하돈(癩河魨), 황사복증(黃沙鰒鱠) 등 4종이 실려 있다. 『자산어보』에는 돈어(魨魚)-속명 복전어(服全魚)에 속하는 어류로 검돈(黔魨)-속명 검복(黔服), 작돈(鵲魨)-속명 가치복(加齒服), 활돈(滑魨)-속명 밀복(蜜服), 삽돈(澁魨)-속명 가칠복(加七服), 소돈(小魨)-속명 졸복(拙服), 위돈(蝟魨), 백돈(白魨) 등을 들고 그 특성을 설명하고 있다.

『우해이어보』에 등장하는 석하돈은 졸복으로 보인다. 당시 복어에 대한 묘사는 소동파의 한시에 등장하는 하돈(河豚)*이 기준이 되었을 것이다. 이름에 '돼지 돈(豚)'자를 붙이는 것은 배를 부풀린 복어의 모양새가 뚱뚱한 돼지를 닮은 데다 부풀어 오른 배

---

* 蔞蒿滿地蘆芽短 正是河豚欲上時(누호만지노아단 정시하돈욕상시: 물쑥은 땅에 가득 났고, 갈대 싹은 아직 짧으니, 바로 복어가 오를 때로구나.)-소동파(蘇東坡)

를 이용해 돼지 우는 소리를 내기 때문이다. 그래서 담정도 크기가 작은 졸복을 두고 이곳 사람들은 하돈 새끼라고 하지만 자신이 볼 때는 하돈과 다른 종이라고 이야기한 것으로 보인다. 하돈은 분류학상 황복이다.

어보에 등장하는 작복증(鵲鰒鱠)을 두고 '까치 작(鵲)'자가 들어 있어 까치 무늬가 있는 까치복이라 보는 견해가 있지만 담정은 작복증을 설명하면서 '청정증어(蜻蜓鱠魚)', 즉 '잠자리복어'라고도 부르며 크기가 작고, 등 전체에 흰 점이 있다고 묘사했다. 이를 근거로 보면 크기가 60센티미터에 이르며 흰점이 있는 까치복은 아닌 것으로 봐야 한다.

그럼 담정이 기록한 작복증(鵲鰒鱠)은 무엇일까? 여러 복어 종들을 살펴볼 때 가장 근접하는 종은 등 전체에 흰점이 있는 '복섬'이다.

물속에서 복섬을 관찰하면 눈이 청녹색이며 잠자리 눈처럼 돌출되어 있다. 또한 복섬은 지금도 그렇지만 당시에도 낚시로 흔하게 잡혔을 것이다. 또한 독성이 강한 복섬을 잘못 먹은 사람이 죽었다는 이야기를 담정이 들었을 것이다. 그래서 담정은 이에 대해 '잘못 먹으면 사람이 죽는다'라고 경고했음직하다. 복섬은 우리나라에 서식하는 복어 중 가장 크기가 작다.

흔히 혼동하는 게 졸복과 복섬이다. 별개의 종인데도 지역에 따라 복섬을 졸복이라고 부르기도 한다. 경남 통영의 토속음식으로 유명한 졸복국에도 사실 복섬이 많이 쓰인다. 졸복은 '쪼그만 복어'라서 붙은 이름이다. 그래도 복섬보다는 커서 35센티미터 이상까지 자라기도 한다.

담정은 작복증이 "여러 곤충을 잡아먹는 데다 물고기들의 나쁜 점액과 독한 배설물을 먹어서 더욱 맹독을 가지게 된다"라고 했다. 19세기 초반 해양생물에 대한 별다른 지식이 없었을 담정이 복어 독의 근원에 대해 분석한 것이 놀랍다. 최근까지 복어가 어떤 방식으로 독을 만들어내는지는 오랜 연구 과제였다. 과거에는 유전적으로 독을 가지고 있다고 믿어왔지만, 일본 나가사키대학의 아라카와 오사무 해양생물학 교수가 독이 없는 복어 양식에 성공하면서 복어 독에 대한 비밀이 벗겨졌다. 아라카와 교수는 복어에게 고등어 등 무독성 먹이만 먹였다. 이렇게 수년 동안 양식된 복어에서는 독성분이 검출되지 않았다고 한다. 결국 복어는 불가사리와 갑각류, 납작벌레 등 독이 있는 먹이 때문에 몸에서 독이 만들어진다는 사실이 입증된 것이다. 독이 없는 복어를 양식하는 데 성공하긴 했지만 본격적으로 유통되지는 못했다. 양식 복어와 자연산 복어의 겉모습이 똑같아 자연산 복어를 독이 없는 양식 복어로 착각할 수도 있다는 우려 때문이다.

테트로도톡신(Tetrodotoxin)이라 불리는 복어 독은 청산가리 독성의 10배가 넘는다. 테트로도톡신은 해독제조차 없다 보니 사람들에게는 두려움의 대상이다. 이들 독은 주로 껍질과 고기, 내장, 생식소 등에 포함되어 있다. 전 세계적으로 분포하는 120~130종의 모든 복어가 독이 있는 것은 아니나, 담정의 경고대로 복어는 반드시 전문가가 조리한 것만 먹어야 한다. 난소와 알, 간, 내장, 껍질 등 독성이 있는 부위를 완전히 제거하고 물로 깨끗이 씻어내야 한다. 혹시 있을지 모를 독을 씻어내기 위해 물을 많이 사용하다 보니 "복어 한 마리에 물 서 말"이란 속담까지 생겨났다.

담정은 복어를 잡아 올리면 성이 나서 배를 부풀려 입으로 늙은 개구리가 울부짖는 소리를 낸다며 복어가 배를 부풀리는 과정을 긴장감 넘치면서도 흥미롭게 설명하고 있다. 몸이 구형이라 민첩하지 못한 복어는 위기를 맞으면 입으로 물을 마셔 위장 아랫부분에 있는 '확장낭'이라는 신축성 있는 주머니에 물을 채운 다음, 식도 근육을 축소시켜 물이 빠져나가지 않도록 하여 몸을 서너 배까지 부풀린다. 물속에서 들이마시는 물의 양은 체중의 두 배 이상도 가능하다. 몸을 원상태로 회복시킬 때는 식도 근육의 긴장을 풀어 입이나 아가미로 물을 뿜어낸다. 그런데 복어는 담정이 관찰한 것처럼 물 밖으로 잡혀 나와서도 몸을 부풀린다. 아가미구멍을 통해 물 대신 공기를 들이마셔 확장낭을 채우는 것이다. 영어로 '퍼퍼(Puffer)'라 부르는 것도 복어가 물과 공기를 빨아들이면 '펍' 하고 부풀어 오르는 데서 따왔다.

어보에 등장하는 '나하돈(癩河魨)'에 대해 온몸에 옴처럼 상처가 있어 마치 문둥병에 걸린 두꺼비 같다고 했는데 복어 중 피부가 거친 '까칠복'을 지칭하는 것으로 보이지만 다소 과장된 묘사이긴 하다.

| 복섬 |

복섬이 한가로이 유영하고 있다. 복섬은 담정이 유배생활을 하던 진해 등 남해안에서 흔하게 발견되는 종이다. 졸복과 비슷하게 생겼지만 검은 바탕에 흰 반점이 있는 것이 복섬이고, 갈색 바탕에 검은 반점이 있는 것이 졸복이다.

<牛山雜曲>

嵐銷雲斂瀞潮暾
嬾步欹危訪海䑓
驀地沙干流霹靂
漁兒破撇石河魦

<우산잡곡>

남기(嵐)*와 구름 걷힌 맑은 아침 바다
느린 걸음 비척이며 수문을 찾아가네.
갑자기 모래 언덕 너머로 벼락 소리 들리니
고기 잡는 아이가 석하돈 치나 보다.

---

* 담정은 증열(鱠鱴)에서 '남(嵐)'을 산에서 생기는 아지랑이처럼 어지러운 기운의 의미로 사용했다.

침자어 沈子魚

| 양태 |

부레가 퇴화된 양태는 대부분의 시간을 바닥면에 납작 엎드려서 지낸다. 이들의 눈은 찌그러진 타원형인데 날카롭게 무언가를 째려보는 듯하다.

沈子比目如鰈 渾白無鱗 其行有聲 自呼沈茲沈茲
故名沈子 子者茲之吪也 有大毒

침자어(沈子魚)는 가자미나 넙치처럼 눈이 나란하다. 온몸은 흰색으로 뒤섞여 있는데 비늘이 없다. 침자어는 돌아다닐 때 '침자(沈茲)', '침자(沈茲)' 하는 소리를 내서 침자어라고 부른다. 침자어(沈子魚)의 '자(子)'라는 글자는 '침자(沈茲)'에서 '자(茲)'가 변한 것이다. 맹독을 지니고 있다.

• •

어보에 등장하는 침자어(沈子魚)가 무엇인지 학자들 간 이견이 있지만 필자는 양태(횟대목 양탯과)라고 생각한다. 담정은 침자어를 '비목여접(比目如鰈)'이라 하여 가자미나 넙치처럼 눈이 나란하다고 했다. 가자미나 넙치처럼 눈이 나란히 있는 어류 중 주목할 만한 대상이 바로 양태이다.

담정은 침자어에 맹독이 있다고 했는데 가자미, 넙치, 양태 모두에게 독은 없다. 그럼 담정은 왜 독이 있다고 했을까? 담정은

『우해이어보』를 저술하며 주민들의 이야기를 경청했을 것이다. 양태의 눈을 보면 반듯하지 않고 찌그러진 타원형인 데다 날카롭게 무언가를 째려보는 듯하다. 그래서 남해안 어촌마을에는 '양태를 먹으면 눈병이 생긴다'는 속설이 전해지기도 한다. 미끈하고 비늘이 가지런한 어류를 선호하던 선조들 입장에선 찌그러진 눈을 가진 양태가 예쁘게 보이진 않았을 것이다.

양태가 밉상스럽게 보인 것은 몇몇 속담에서도 전해진다. 양태의 납작한 머리에는 살이 거의 없다. 그래서 "고양이가 양태머리 물어다 놓고 먹을 게 없어 하품만 한다"거나 "양태머리는 미운 며느리나 줘라"라는 말이 생겨났다. 그런데 양태머리에 붙은 볼때기 살은 대구 볼때기 살에 비견될 만큼 맛이 좋다. 그래서 밉상을 보였던 며느리는 "양태머리에는 시엄씨 모르는 살이 있다"라고 맞받아 쳤다고 하니 양태를 놓고 고부 간 장군 멍군인 셈이다.

담정은 침자어가 '침자침자(沈兹沈兹)' 소리를 내며 돌아다닌다고 했다. 물론 어류 중에는 부레 같은 특별한 기관을 사용해 소리를 내는 어류가 있긴 하지만 양태는 소리를 내지는 않는다. 부레가 퇴화된 양태는 바닥면에 납작 엎드려서 살아간다. 그래서 '가라앉을 침(沈)'자를 붙였을 것이다.

담정은 침자어를 소개하며 또한 비목(比目)이라 썼다. 비목어(比目魚)는 중국 전설상 동쪽 바다에 사는 눈이 하나뿐인 물고기이다. 이 어류는 눈이 하나뿐이기에 두 마리가 서로의 눈에 늘 의

지하며 나란히 붙어 다닐 수밖에 없어 '나란할 비(比)'를 썼다. 비목어는 당나라 시인 백거이(白居易)의 〈장한가(長恨歌)〉에 등장하는 비익조(比翼鳥)와 맥을 같이 한다. 백거이는 6대 황제 현종과 양귀비의 비련에 대해 '하늘에서는 비익조(比翼鳥)가 되고 땅에서는 연리지(連理枝)가 되도다'라고 읊었다. 여기서 비익이라는 새는 암수가 날개를 하나씩만 가지고 있어 나란히 한 몸이 되어야만 날 수 있고, 연리라는 나무는 두 그루의 나뭇가지가 서로 연결되어 나뭇결이 상통한다는 데서 남녀 간의 깊은 정분을 상징한다.

이수광(李晬光, 1563~1628)의 『지봉유설(芝峰類說)』*에는 비목어를 한글로 가자미로 적고 있다. 가자미가 전설 속의 물고기인 비목어가 된 사연은 이들이 태어날 때는 눈이 머리의 양쪽에 한 개씩 있지만 성장하면서 한쪽으로 몰리는 탓이다. 전설상의 물고기 비목어는 두 마리가 나란히 다니기에 '나란할 비(比)'자를 썼지만 가자미는 두 개의 눈이 한쪽에 나란히 자리 잡았다 해서 '비(比)'자가 붙여진 것이다.

---

* 1614년 이수광이 편찬한 우리나라 최초의 문화백과사전(목판본). 20권 10책에 이르는 백과사전으로, 주로 고서와 고문에서 뽑은 기사일문집(奇事逸聞集)이다. 이수광 사후인 1634년(인조 12) 그의 아들 성구(聖求)와 민구(敏求)가 출간하였다.

| 말린 양태 |

어물전에 늘어놓은 말린 양태를 보면 양태 눈이 얼마나 찌그러져 있는지 알 수 있다. 남해안 일부지역 사람들은 찌그러진 눈을 가진 양태를 먹으면 눈병이 난다고 믿었다.

도 都
알 鯷

| 도루묵 |

도루묵들이 연안 해조류 등에 알을
붙여두고 있다.

都鰔 一名都卵 憂者 方言卵也 似鯽而無肉 一身都是腹
腹中都是卵 摘卵 石臼淨研 和鷄蛋煮食 味似蟹卵

도알(都鰔)은 일명 '도란(都卵)'이다. '알(鰔)'은 방언으로 '란(卵)'이라는 뜻이다. 붕어와 비슷하나 살이 없고, 몸 전체가 모두 배(服)인데 배 안이 모두 알(卵)이다. 알만 빼서 돌절구에 곱게 갈아 계란과 섞어서 구워 먹는다. 맛이 게의 알과 비슷하다.

. .

어보에 등장하는 도알(都鰔)은 도루묵(농어목 도루묵과)이다. 도루묵은 수심 200~400미터의 깊은 곳에서 살아가지만 산란기인 11~12월에는 알을 낳기 위해 얕은 수심의 연안으로 모여든다. 이때 잡아들인 도루묵 배 속에는 알이 가득하다. 도루묵들이 얼마나 많은 알을 낳는지 주 산란지인 동해 연안에서는 그물에 붙은 도루묵 알로 인해 조업에 나서는 어선들이 낭패를 겪기도 한다. 동해안을 여행하다 보면 '도루묵 전문' 간판을 내건 음식

점을 어렵지 않게 만날 수 있다. 비리지 않은 부드러운 고기 맛과 톡톡 씹히는 알이 별미이다. 도루묵을 찾는 관광객이 늘어나자 산란기인 늦가을에 대량으로 잡은 것을 냉동시켜 1년 내내 사용한다. 남해안에서 겨울철 잡은 굴을 급속 냉동시켜 사시사철 내놓는 것과 같다.

| 도루묵 알 |

최근 바다목장화 사업 등으로 동해안 도루묵 자원량이 크게 회복되었다.
조류에 떠밀려온 도루묵 알이 해안을 뒤덮고 있다.

한사어 閑鯊魚

| 목탁수구리 |

목탁수구리는 앞에서 보면 가오리 같고, 뒤에서 보면 상어처럼 보인다. 우리나라에서는 다소 귀하게 발견된다.

©Brian Gratwicke

閑鯊狀如鮏魚 而大且長 小者三四尺 大者七八尺
其廣如長 而減十分之一 脊及兩邊 從頭至尾 皆骿鬣
如劍刃 廣三寸 大者倍之 三鬣植立如川字 此魚性急
而勇 能割巖石 漁子撐船 至海中 往往遇此魚 怒割船腰
多致渰敗 見者言 此魚平行時 只植脊鬣 怒則捲起
兩邊 從船底橫過則船斷 今嶠南海邊 春夏之間 巨鯨腰折
或腹破 浮至淺浦而死者 皆爲閑鯊所傷者也 漁子言
鯨張口汲海水時 閑鯊從口而入 衝突腹中 從傍
左右出者腰折 從下尾際出者腹裂 理或似 然而未可信
要之當如劈船也 此魚不可以釣網捕得 至八九月胞水暴至
則魚族如潮犇山崩 驅至淺水而死 戢戢如糞壤蟲蛆
死者庤不可食 此魚亦爲胞水所逐 然性急 故能跳
擲旱地 土人以鐵叉長柄者 向鬣間亂刺則死 鋸去楞鬣割
脊肉可燔喫 餘肉皆脂膵不可啗 堪溶作點燈 胞水者
土人言秋深 則海中忽有紅紫靑黑水生 漫漫布至海邊
魚食此水則死 不死者 猶圉圉 然數日而霱 其言胞水者
以似婦人分娩時 劈開初頭 胞中惡露故名 土人呼此魚爲寒沙
土人言 寒沙多則歲凶 乙亥大荒時 鎭海漁村 日捕寒沙如他魚云

한사어(閑鯊魚)는 공어(鮏魚), 즉 가오리나 홍어를 닮았지만 몸이 더 크고 길다. 작은 것은 3~4척이며 큰 것은 7~8척이다. 너비도 길이와 비슷하지만, 10분의 1 정도 모자란다. 등과 양쪽 옆에는 머리에서 꼬리까지 모두 칼날과 같은 단단한 뼈지느러미(骿鬣)가 있다. 너비가 3촌이며, 큰 것은 이것의 2배인데, 3개의 지느러미가 마치 '川'자 모양으로 서 있다.

이 어류는 성질이 급하고 용감해서 능히 바위도 자를 수도 있다. 어부들이 배를 몰고 바다 한가운데로 나갔다가 간혹 한사어를 만나곤 한다. 성이 난 한사어가 배 허리부분을 잘라버려 배가 가라앉는 경우가 많다. 한사어를 본 사람들의 말로는 "평상시에는 등지느러미만 세우고 있지만 화가 나면 양옆의 지느러미를 모두 들어서 세우고 배 밑으로 횡단해 지나 배가 잘려 나간다"라고 한다. 지금도 영남지방(嶺南) 해변에서는, 봄, 여름에 거대한 고래가 허리가 잘라지거나 배가 찢어져서 바다 위를 떠돌다가, 얕은 포구에 이르러 죽는 경우가 있다. 이는 모두 한사어에 의해 상처를 입은 것들이다. 어부들은 "고래가 입을 벌려 바닷물을 빨아들일 때에 한사어가 고래 입안으로 들어가 배 안에서 부딪쳐서, 오른쪽이나 왼쪽으로 나오면 허리가 잘라지고, 아래로 꼬리 쪽으로 나오면 배가 찢어진다"라고 한다. 이러한 말들은 이치는 그럴 듯하나, 믿을 수는 없다. 요컨대 어선을 자른다는 것도 같은 말일 것이다.

또 이 물고기는 낚시나 그물로 잡을 수 없다. 팔구월이 되어서 포수가 갑자기 퍼지면, 물고기 무리들은 파도가 밀려오고 산이 무너지는 것처럼 포수를 피해 도망치다가 얕은 물가에 와서 죽는다. 죽은 물고기들은 썩은 땅의 구더기 같아 냄새가 나서 먹을 수 없다. 한사어 역시 포수에 밀려서 쫓겨오지만, 성질이 급하기 때문에 바다에서 맨 땅으로 뛰어오른다. 그러면 이곳 사람들은 긴 자루가 있는 쇠스랑으로 지느러미 사이를 마구 찔러 죽인다. 그리고 톱으로 날카로운 지느러미를 제거하고 배를 가르는데, 등뼈 쪽의 살은 구워먹을 수 있지만, 나머지 부분은 모두 기름덩이라 먹을 수 없고 녹여서 등불을 켜는 데 쓴다. 이곳 사람들의 말에 의하면 "가을이 깊어갈 때 바다 속에 갑자기 홍색, 자주색, 청색, 흑색의 물들이 생기는데, 이 물이 넓게 펼쳐져서 해변에까지 이르게 된다. 이것이 포수이다. 고기들이 이 물을 먹으면 죽게 되고, 죽지 않은 것도 기운이 빠지게 된다. 그러나 며칠이 지나면 사라진다"라고 한다. 이들이 말하는 포수는, 부인이 분만할 때에 자궁이 열리는 첫 순간에 나오는 태반 속의 오로와 같은 것이다. 그래서 이름을 그렇게 붙인 것이다. 이곳 사람들은 이 한사어(閑鯊魚)를 '한사(寒沙)'라고 부른다. 이들이 말하기를 "한사어가 많이 잡히면, 그해 흉년이 든다"라고 한다. 을해년 대흉 때에도 진해의 어촌에선 날마다 한사어를 다른 고기들처럼 쉽게 잡았다고 한다.

∴

어보에 등장하는 한사어(閑鯊魚)가 어떤 어류인지 의견들이 분분하다. 혹자는 한사어의 '모래무지 사(鯊)자'에 의미를 붙여 모래무지의 일종이라고 번역하기도 했다. 하지만 담정의 기록을 꼼꼼히 살펴보면 한사어는 '목탁수구리(홍어목 수구릿과)'임을 알 수 있다.

먼저 '사어(鯊魚)'에 주목할 필요가 있다. 사어(鯊魚)라는 이름은 '모래 사(沙)'자와 '고기 어(魚)'자를 조합해서 만든 한자로, 미세한 돌기구조인 피부가 모래처럼 거칠어서 유래한 것으로 연골어류인 상어 이름의 유래이기도 하다. 그래서 예전에는 꺼칠꺼칠한 상어 껍질을 말려 사포 대용으로 사용하기도 했다. 상어와 사촌간인 목탁수구리 역시 피부가 미세한 돌기 구조이다. 그리고 한사어(閑鯊魚)의 '한(閑)'에는 크다는 의미가 있어 크기가 2~3미터에 이르는 대형 어류인 목탁수구리와도 걸맞다.

담정은 "몸통이 홍어를 닮았고, 등과 양쪽 옆에는 머리에서 꼬리까지 3개의 단단한 뼈 지느러미가 마치 '川'자 모양으로 붙어 있다"고 했다. 이는 목탁수구리의 외형과 일치한다. 목탁수구리는 등 중앙을 따라 두꺼운 능선이 돋아 있으며, 이 능선에는 날카롭고 억센 가시가 돋쳐 있다. 두 눈 앞쪽에도 가시가 돋친 능선이 하나 있으며, 눈에서 숨구멍 쪽으로 가는 선과 어깨선을 따라서도 가시능선이 한 쌍씩 있다. 이것을 위에서 내려다보면 마치 '川'자처럼 보인다.

그런데 담정이 묘사한 "능히 바위를 자른다(能割巖石)", "배를 침몰시킨다(多致淪敗)", "거대한 고래의 허리를 잘라버린다(巨鯨腰折)"는 등의 표현은 해학적이다. 아마 주민들의 이야기가 그러했을 것이다. 그래서인지 담정은 그럴듯한 이야기이지만 믿을 수는 없다(然而未可信)는 자신의 견해를 밝혔다. 이와 같은 해학적인 이야기가 탄생하게 된 이유는 특이한 생김 때문일 것이다. 목탁수구리는 앞에서 보면 가오리 같고, 뒤에서 보면 상어처럼 보인다. 그래서인지 '상어가오리'라고도 부른다. 우리나라 연안에서 드물게 관찰되지만 분포지역이 매우 넓어 인도-태평양의 거의 모든 열대와 아열대 바다에서 살아간다.

담정은 한사어는 낚시나 그물로 잡을 수 없고, 팔구월이 되어 포수(胞水)가 갑자기 퍼질 때 포수를 피해 맨땅으로 뛰어오르는 녀석을 잡을 수 있다고 했다. 담정이 이야기한 포수는 바다의 부영양화로 발생하는 적조(赤潮)이다. 담정은 포수의 발생 시기, 바다색의 변화, 생태계에 미치는 악영향 등을 상세히 설명하며 "한사어가 많이 잡히면, 그해 흉년이 든다"고 했다. 을해년 대흉* 때에도 진해 어촌에선 날마다 한사어를 다른 고기들처럼 쉽게 잡았다고 기록하며 한사어를 통해 흉년과 포수의 인과관계를 설명하는데, 상당히 흥미로운 관찰이다. 장마철 홍수가 발생하면 육상의 영양물질이 바다로 옮겨오고 여기에 수온이 올라가면 바닷물이 부영양화 되어 심각한 적조가 발생한다. 적조가 발생하면 많은 바다 동물들이 피해를 본다. 이때 적조를 피하기 위해 뭍으로 뛰어오르는 한사어를 쉽게 잡을 수 있다는 설명이다. 현재 과학적 연구를 기반으로 홍수로 인한 육상 오염물질이 연안으로 유입될 때 적조가 더욱 심각해지는 것이 입증되었다.

---

* 『영조실록』 85권, 영조 31년(1755년, 을해년) 9월 14일_흉년으로 외금에 명년 가을까지 사객(使客)의 다담(茶啖)을 정지하고, 아울러 유밀과(油蜜果)도 함께 금하라 명하였다.

담정은 이곳 사람들은 이 한사어(閑鯊魚)를 '한사(寒沙)'라고 부르는데, 한사어가 많이 잡히는 해에는 흉년이 들기 때문에 '찰한(寒)'에 '모래 사(沙)'를 붙였다고 설명했다. 사람들이 한사어를 탐탁지 않아 했음이 드러내는 부분이다.

* 적조
적조가 발생한 바다는 죽음의 바다가 된다. 이는 늘어난 유해성 적조생물이 어패류의 아가미를 막아버려 질식사시키거나, 적조생물이 죽으면서 유독세균이 번식하거나, 산화분해로 인해 바닷물 속에 녹아 있는 산소를 다량 소비시켜 물고기 등 해양생물들이 숨을 쉬는 데 필요한 산소를 고갈시키기 때문이다. 『조선왕조실록(朝鮮王朝實錄)』 1403년(태종 3년)에는 진해만을 비롯한 남해안 일대에서 바닷물이 노란색, 검은색, 붉은색으로 변하고 물고기가 떼죽음을 당했으며, 1412년(태종 12년)과 1423년(세종 5년)에도 비슷한 현상이 나타났다는 기록이 있다.

<牛山雜曲>

秋來胞水漲雲湄
正是寒鯊擲岸時
浦漢銕叉紛似雨
三條橡斷血淋灕

<우산잡곡>

가을이 되어 포수가 구름처럼 깔리면
바로 한사어 해안으로 뛰어오를 때라네.
포구의 남정네들 쇠스랑 비 오듯 찔러 대고
세가닥 등지느러미를 자르니 피가 흘러내리네.

증 魚蒸
얼 魚鱳

| 정어리 |

정어리 떼가 무리를 이루고 있다. 정어리는 변질이 빨라 사람들에게 그다지 대접받지 못했다. 대개 통조림으로 가공되었으며 선도가 떨어지면 사료로 썼다.

鱤鰈色靑頭小 如關北海上所捉飛衣鯖魚 味甘少辣
澁口 捕出卽炙 或作羹可茹 稍過數日則肉益辣 令人
頭瘠 土人謂之蒸鬱 言蒸蒸鬱鬱然 頭痛也 土人言
此魚乃瘴氣所化 此魚盛捕則必有瘴癘云 土人不甚喫
捕往隣近咸安靈山柒原 魚族稀貴地方賣之 有一種 名末子魚
如鱤鰈而甚小 與沿海諸處及漢師 所賣澾鮑魚 名鱥兒者相似
此地亦産 鱥兒土人名曰幾 幾之言 方言鱥也 或鮮或鱐如末子
大同小異 然曾聞關東海人言 鱥兒亦瘴嵐所生 每熟日霧暗時
往潮水沸處 以畚拯之云 盖此類也

증얼(鱤鰈), 즉 정어리는 색이 푸르고 머리가 작다. 관북지방에서 잡히는 '비의청어(飛衣鯖魚)'와 비슷하다. 맛은 달지만 약간 맵고 떫다. 잡으면 바로 구워 먹는다. 혹은 국을 끓여도 좋다. 잡은 지 며칠이 지나면 매운맛이 더해져 두통을 일으킨다. 이곳 사람들은 이 물고기를 '증울(蒸鬱)'이라고 하는데, 증증울울(蒸蒸鬱鬱)이란 '덥고 답답해서 머리가 아프다'는 말이다. 이곳 사람들은 증울은 장기(瘴氣)가 변화된 것이라 하고, 증울이 많이 잡히면 반드시 장려병(瘴癘病)이 생긴다고 한다. 그래서 이곳 사람들은 이 물고기를 많이 먹지 않는다. 잡아서 인근의 함안, 영산, 칠원 등 어족이 귀한 지방에 가서 판다.

'말자어(末子魚)'라는 근연종도 있다. 증얼과 비슷하지만 아주 작다. 바닷가의 여러 곳과 서울(漢師)에서 팔리는 건어물인 '멸아(鱴兒)', 즉 멸치와 비슷하다. 이 지방에서도 멸치가 생산되는데 이곳 사람들은 '기(幾)'라 부른다. 기의 방언이 '멸(鱴)'이다. 멸아는 생선으로 두기도 하고, 말리기도 하는데, 말자어와 대동소이하다. 그러나 내가 일찍이 관동지방의 바닷가 사람들의 말을 들은 적이 있다. 멸아도 역시 장기(瘴氣)*와 남기(嵐氣)**의 기운으로 생겨나기 때문에, 매번 덥고 안개가 끼어 어두울 때에 조수가 솟구쳐 오르는 곳을 찾아가 삼태기로 떠서 잡는다고 한다. 내가 들은 것들은 대개 이러한 종류의 이야기들이다.

..

어보에 등장하는 '증얼(鱠鱴)'은 정어리이다.

정어리는 다른 물고기에 비해 변질이 빨라 제대로 대접받지 못했다. 선도가 떨어지는 정어리를 먹으면 매운맛이 나며 혀끝이 마비되는 듯한 중독 증세가 나타난다. 이러한 증세를 담정은 '증증울울(蒸蒸鬱鬱)', 즉 '매우 찌는 듯이 덥고 답답해서 머리가 아프다'라며 우해지역 사람들은 이 물고기를 '증울'이라고도 한다

---

* 바닷가의 습하고 더운 지역에서 생기는 독한 기운. 열병을 앓게 한다.

** 산에서 생기는 아지랑이처럼 어지러운 기운.

고 했다. '증얼'이라는 이름이 '증울(蒸鬱)'에서 유래했음을 은연중에 설명하고 있는 것이다.

  담정은 정어리는 바닷가의 습하고 더운 지역에서 생기는 독한 기운인 '장기(瘴氣)'가 변한 것으로 정어리가 많이 잡히면 '장려병(瘴癘病)'이 생긴다는 주민들의 이야기를 전한다. 그래서 정어리를 잡으면 잘 먹지 않고 해산물이 귀한 내륙의 함안, 영산, 칠원 등에 가서 판다고 했다.

  어촌 마을 사람들이 즐기지 않는 정어리가 내륙에선 그럭저럭 인기가 있었던 모양이다. 담정은 이러한 풍경을 칠언절구의 시로 남겼다. 양도(진해 앞바다 섬)의 여인네가 정어리를 가득 담은 항아리를 머리에 이고 반성(경남 진주지역)장터로 가는 모습을 풍속화를 그리듯 묘사하였다.

  그런데 당시 아낙들은 먼 길을 떠나기 전 소금으로 간을 했을 것이다. 이러한 염장 유통은 안동 지방 특산품이 된 간고등어의 예에서도 살펴볼 수 있다. 고등어 역시 등 푸른 생선으로 부패가 빠르다. 동해안에서 잡은 고등어가 안동으로 수송되는 데는 하루쯤 걸렸을 것이다. 상인들은 안동에서 반나절 거리인 임동 챗거리장터에서 고등어에 소금을 쳤다. 챗거리장터에 이르면 고등어가 얼추 상하기 직전이 되는데, 이때 소금 간을 하면 상하기 직전에 나오는 효소와 소금이 어우러져 가장 맛있는 간고등어가 된다. 어쩌면 진해 등 남해안 어촌에서 내륙으로 정어리 등의 해산물을 보낼 때 거쳐 갔던 곳이나, 특색 있는 염장 방법 등이 있었을지 모른다. 이처럼 『우해이어보』는 19세기 남해안 어촌의 풍습을 고증하여 문화유산을 발굴할 수 있는 소중한 자료로서의 가치 또한 지닌다.

담정은 증얼, 즉 정어리의 근연종으로 말자어(末子魚)를 소개하였다. 어보에 등장하는 말자어(末子魚)는 멸치를 말한다. 멸치는 지구상에서 개체수가 가장 많은 어류이다. 대중적이고 친숙하지만 조상들로부터는 대접받지 못했던 사실이 '멸치'라는 이름 속에 그대로 남아 있다.

『우해이어보』에는 멸치를 멸아(鱴兒)로, 『자산어보』는 추어(鯫魚), 멸어(蔑魚)라 전한다. 조상들이 멸치를 얼마나 업신여겼으면 '업신여길 멸(蔑)'자를 썼을까? 거기에다 물에서 잡아 올리면 급한 성질 때문에 바로 죽어버린다며 '멸할 멸(滅)'자까지 붙였다. 『자산어보』에 등장하는 추어(鯫魚)라는 이름에도 변변치 못하다는 의미가 담겨 있다.

담정은 관동지방 사람들의 말을 빌려 "'멸아'도 '증얼'과 한가지로 장기(瘴氣)와 남기(嵐氣)의 기운으로 생겨난다"며 탐탁지 않아 했다. 아마 담정이 관동지방 사람들 이야기를 들었던 것은 첫 유배지였던 함경북도 북동부에 있는 부령에서였을 것이다.

이토록 하급 어류 취급을 받는 정어리와 멸치이지만 이들은 해양생태계뿐 아니라 인류의 삶에도 많은 도움을 준다. 정어리는 식물플랑크톤을 먹으면서 거의 모든 바다동물의 먹잇감이 되기에 '바다의 쌀'으로 불리며 해양생태계의 근간이 된다. 또한 건강에 대한 관심이 높아지자 정어리는 등 푸른 생선이라는 프리미엄을 타고 건강식품으로 각광받고 있다. 정어리기름에는 혈전과 심근경색을 예방하고 두뇌를 좋게 하는 EPA, DHA와 골격이나 치아를 튼튼하게 하는 칼슘, 칼슘의 흡수를 돕는 비타민 D, 세포를 활성화하는 핵산이 풍부하고 혈액순환을 좋게 하는 나이아신, 건강한 피부, 모발, 손톱을 만드는 데 도움을 주는 비타민 B_2 등도 다량 들어 있다.

멸치 역시 소중한 존재이다. 앞서 이야기한 대로 지구상에서 개체수가 가장 많은 이들은 수많은 바다동물들의 먹이가 된다. 먹이사슬의 뿌리 역할을 하는 셈이다. 우리나라 사람들은 특히 멸치에 대한 의존도가 상당히 높다. 바로 잡은 것을 장만하는 멸치회부터 유통기한을 늘리기 위해 가공하는 마른멸치, 멸치젓 등은 우리네 식문화 속에 함께하고 있다.

| 멸치 털이 |

부산시 기장군 대변항에서 유자망으로 잡아들인 멸치 털이가 한창이다. 이렇게 잡아들인 멸치들은 대개 젓갈용으로 가공된다. 유자망 어업방식은 그물을 수면에서 수직으로 아래로 펼쳐지게 한 다음, 펼쳐진 그물을 물의 흐름과 바람에 따라 이리저리 떠다니게 하면서 물고기가 그물코에 꽂히거나 둘러싸이게 해서 잡는 방식이다.

담정이 정어리나 멸치의 가치를 알아봤다면 귀양지에서의 생활이 조금이나마 위로받지 않았을까?

<牛山雜曲>

羊島健娥虎不如
頭兜瓦甌盛鰮魚
綿裙赤脚渾忙了
應向濫城趁晩虛

<우산잡곡>

양도*의 튼실한 아낙 호랑이도 못 당하리.
머리에 인 질그릇동이 정어리 가득하네.
무명치마 맨 다리로 걸음 바삐 움직이는 것은
반성장에 갔다 저녁에 빈 동이로 오려는 재촉이겠지.

---

* 창원시 마산합포구 진동면에 있는 작은 섬이다. 사람들은 이 섬을 염섬, 즉 '염소섬'이라고 부른다.

양타 鰤鮀

| 부시리 |

한 어민이 부시리를 들어 보이고 있다. 부시리는 대형 어종으로 여름에서 가을까지가 제철이다.

鱢鮀一名假魴魚 比魴魚口尖 色靑味稍劣 然亦魴之一族
性寒多食動風 海族之最大者 大者可全一車 此魚在海中難捕
入牢中然後可捕 海上人以海水所匯 魚所聚會處曰兀 兀者方言條也
故謂之魚條 如路之有條 可蹤而尋也 土人就條 以巨木長十餘丈者
列植條 傍如屋柱 兩柱之間尋丈 柱回複屈曲窿窿 然條廣則柱可
百數 隨狹而減 編巨竹爲疎箔 海潮至則乘舟入條 以箔障柱間
凡箔上頭繫柱牙 下頭至水底沙石處 以麻絙維 巨碇間間鎭之
以防魚衝突奔逸 柱以內積舖藁柴藘葭 爲魚寢息遊敖之所
魚皆隨潮而來入條中 潮退時爲箔所攔 不得出 且水底箔
高不能踰越 豫布巨網於箔 外數百步 網箔之間 可通大舟 待潮盡
退 乃慢慢收箔 魚無大小 悉罩網中 土人以柱內爲牢 牢者如牢囚魚也
或謂之魚箭 以水外睇矚柱頭 矗密如矢在箙也 以柱外網內爲牢庭
漁子候潮 信息朝暮 撑槳往來看視 曰視條 曰視箔 曰視箭 隨時而
名 然其實一也 鎭海海邊有牢 數十處 如棊置牢 皆有名字標號 若
曰南牢 曰北牢 曰箐牢 曰石牢 曰都內牢 曰銅盆牢 唯都內爲官魚條
餘不可盡記 牢各有主 而魚族之豊歉 亦隨歲而變云 土人呼此魚多
曰囊 柁囊柁者 聲之變也

양타(鱢鮀)는 일명 '가방어(假魴魚)', 즉 가짜 방어이다. 방어에 비해 주둥이가 뾰족하고 색깔이 푸르며 맛은 못하지만 역시 방어와 일족이다. 성질이 차서 많이 먹으면 풍(風)이 동(動)하여 중풍에 걸린다. 바다 어족 가운데 가장 크다. 큰 것은 수레 한 대만 하다. 이 물고기는 물속에 있으면 잡기가 힘들고 어뢰(魚牢) 안으로 들어온 후에야 잡을 수 있다. 바닷가 사람들은 바닷물이 돌아나가 물고기가 모이는 곳을 '올(兀)'이라고 한다. 이 올은 방언인데 '조(條)'라고 한다. 즉, '어조(魚條)'란 길에 경로가 있는 것처럼 물고기들을 쫓아가서 찾을 수 있는 곳이다.

이곳 사람들은 조(條)에 들어가 길이가 10여 길 되는 거목들을 집의 기둥을 세우는 것처럼 조(條)의 옆에다 나란히 세워놓는다. 양 기둥의 사이는 한 길 정도 되게 하고, 기둥은 빙 돌려서 활처럼 굽어지게 둘러친다. 그래서 조(條)가 넓으면 기둥이 백 개가 넘고, 조(條)가 좁아지면 기둥의 수도 줄어든다.

그 다음 큰 대나무를 엮어서 약간 듬성한 발 모양을 만든다. 매번 바닷물이 들어오면 배를 타고 조(條)에 들어가서 대나무 발로 기둥들 사이를 장벽을 치듯 막는다. 대나무 발의 윗부분은 기둥의 뾰족한 곳에 묶고, 아랫부분은 물 아래 모래와 돌 속에 넣어 삼베 동아줄로 묶고 커다란 닻으로 중간 중간을 눌러놓는다. 물고기가 들이받고 도망가는 것을 막기 위함이다.

기둥 안에는 짚, 섶, 억새, 갈대 등을 깔아 물고기가 잠자고 쉬며 놀 자리를 만들어준다. 그러면 물고기들은 모두 바닷물을 따라서 조(條) 안으로 들어왔다가, 바닷물이 빠져 나가면 대나무 발에 막혀서 나가지 못한다. 또 물이 낮아지면 대나무 발의 윗부분이 높아져 뛰어넘을 수 없게 된다. 대나무 발의 바깥 쪽 수백 보 밖에 미리 그물을 펴 놓는다. 그 그물과 대나무 발 사이에는 큰 배도 오갈 수 있다. 바닷물이 모두 빠져나가기를 기다렸다가 천천히 대나무 발을 거두어들이면 큰 고기와 작은 고기가 모두 그물 안에 잡힌다.

이곳 사람들은 기둥 안을 '뢰(牢)' 즉 '우리'라고 하는데, 뢰(牢)라는 것은 물고기 감옥과 같다. 간혹 이곳을 '어전(魚箭)', 즉 어살이라고 하는데 물 밖에서 얼핏 기둥의 윗부분을 보면 기둥 위가 뾰족하고 빽빽한 것이 마치 화살이 화살 통에 꽂힌 것 같이 보이기 때문이다.

기둥 바깥에 있는 그물 안에 '뢰정(牢庭)'을 만들어둔다. 어부들이 조수를 기다리며 어조로 나가야 할지 쉬어야 할지를 살피는 곳이다. 아침저녁으로 묶고 쉬면서 노를 잡고 왕래하며 살피기 때문에 '시조(視條)', '시박(視箔)', '시전(視箭)'이라고도 한다. 이름은 다르게 붙였지만 한 가지이다.

진해 바닷가에는 이러한 어뢰(魚牢)가 수십 곳에 마치 바둑판처럼 나열되어 있으며 각자의 이름과 표식이 있다. 이를테면 남뢰, 북뢰, 청뢰, 석뢰, 도내뢰, 동분뢰 등이 그것이다. 이 중에서 도내뢰(都內牢)만이 관청에서 관장하는 어조이다. 나머지는 이루 다 기록할 수가 없을 정도로 많다. 어뢰에는 각각 주인이 있고, 고기가 많이 잡히고 적게 잡히는 것도 해마다 다르다고 한다. 이곳 사람들은 양타(鱲鮀)가 많이 잡히는 것을 '낭타(囊柁)'라고 한다. 낭타는 소리가 변한 것이다.

· ·

담정은 사람들이 양타(鱲鮀)라 부르는 물고기를 만났다. 수레 한 대 크기만 한 게 지금까지 본 녀석 중 덩치가 가장 컸다. 사람들은 신기한 듯 양타를 보고 있는 담정에게 바다에서 나는 물고기 중 가장 큰 녀석인데, 방어를 닮긴 했지만 입이 뾰족한 데다 방어보다 맛이 못하다며 가짜 방어, 즉 '가방어(假魴魚)'라고 전했을 것이다.

담정이 이야기하는 양타(纕鮀)는 부시리로 보인다.

우리 연안에 모습을 드러내는 방어와 비슷한 종은 잿방어와 부시리가 있다. 잿방어는 방어보다 통통하며 대가리가 방어보다 크고 체고가 높은 편이므로 '입이 뾰족하다'는 묘사와 맞지 않다. 부시리는 방어보다 크게 자라 2미터에 이른다. 양타(纕鮀)라는 이름에서 살피자면, '양(襄)'자가 수레를 맨 말이라는 의미를 가지고 있고, '타(鮀)'도 '낙타 타(駝)'에서 음을 가차한 것으로 볼 때 양타라는 이름이 크기와 관련 있다는 걸 짐작할 수 있다. 방어는 세종 때에 편찬된 『경상도지리지(慶尙道地理志)』 '동평현(東平縣)의 토산공물'조와 『세종실록지리지』 '경상도 동래현(東萊縣)의 토공'조에 기재되어 있으며, 함경도 몇몇 지방의 토산조에도 실려 있다. 『신증동국여지승람』에는 경상도·강원도 및 함경도 각 지방의 토산에 방어가 들어 있다. 『세종실록』 1437년(세종 19) 호조의 보고에서 각도의 주산 어류를 열거한 데 따르면, 방어는 대구 및 연어와 함께 함경도·강원도에서 가장 많이 생산되는 물고기였다. 서유구의 『난호어목지』에서는, "방어는 동해에서 나는데 관북·관동의 연해와 영남의 영덕·청하 이북에 모두 방어가 있다"고 하고, 그 모양을 설명하며 "큰 것은 6, 7자에 달한다"고 했다.

『조선통어사정(朝鮮通漁事情)』은 동해안에서 가을에 멸치 떼를 쫓아 방어 떼가 몰려드는 바람에 그물이 대파되고 만 일이 있었다고 전한다.

방어에 대한 여러 기록을 볼 때 방어는 어민들에게는 이미 잘 알려져 있던 종이기에 담정은 비슷하게 생긴 양타를 방어와 구분하기 위해 '가(假)'자를 붙인 것으로 보인다. 이는 우리나라 전역에 분포해서 살고 있는 숭어와 서해안에 주로 서식하는 숭어를 구분하기 위해 후자에 '가(假)'자를 붙여 '가숭어'라 이름 지은 것과 같은 맥락이다.

부시리를 부르는 명칭은 지역마다 다양하다. 전북지역에서는 '평방어', 포항에서는 '납작방어'라 부르고 강원도에서는 '나분대', 북한 함경도 지방에서는 '나분치'라 부른다. 일본명은 '히라스(ヒラス)'이다. 부시리는 담정의 묘사대로 잡기가 어려워 어뢰(魚牢) 안에 들어온 후에야 잡을 수 있다. 이는 부시리가 빠르게 헤엄치는 데다 힘이 넘치는 어류이기 때문이다. 빠를 때는 시속 50킬로미터가 넘는 속도를 내는데 낚시꾼들 사이에서는 힘이 좋고 순식간에 수십 미터씩 나간다 하여 '미사일', '바다의 천하장사', '바다의 레이서' 등으로 불린다.

담정은 양타가 바다 속에 있어 어뢰(魚牢)를 만들어놓아야 잡을 수 있다며 당시의 전통어업 방식을 자세히 설명하고 있다. 담정은 사람들이 다니는 길에도 경로가 있는 것처럼 물고기도 바닷물이 돌아나가는 곳에 모여드는데, 물고기가 오가는 이러한 경로를 '어조(魚條)'라고 하고 이 길목에다 물고기 감옥 역할을 하는 '어뢰(魚牢)'를 만들어 놓으면 양타를 잡을 수 있다고 했다. 성체 크기가 2미터, 몸무게가 100킬로그램이나 나가는 양타를 잡기 위해 당시로서는 가장 적절한 방법이었을 것이다.

다만 진해 앞바다에 바둑판처럼 빼곡하게 들어차 있는 어뢰들이 양타만을 잡기 위함만은 아니었을 것이다. 어뢰 속으로 멸치, 고등어, 전갱이 등 다양한 물고기들이 들어왔을 테고, 이 작은 물고기들을 쫓아 들어온 양타가 함께 잡힌 것은 아닐까. 아마 바다에서 가장 큰 물고기로 여겨지던 양타가 들어온 어뢰는 이곳 사람들의 부러움과 관심의 대상이었을 것이다. 이는 〈우산잡곡〉 중 "금년에 양타가 석뢰에 몰린다지"라는 부분에 고스란히 묻어난다. 아마 새벽에 어뢰를 살피러 나서는 어민들이 밤새 어떤 물고기들이 들어왔을까 하며 나누던 기대 섞인 이야기를 담정이 시로 옮겼을 것이다.

당시 어뢰를 이용한 어업 방식이 상당히 성행했음은 "진해 바닷가에는 어뢰(魚牢)가 수십 곳이 있어, 마치 바둑판처럼 어뢰를 두고 있다"라는 기록을 통해 알 수 있다. 또한 관청에서 관리하는 어뢰가 별도로 있었음을 언급한 것으로 보아 어뢰들의 어업 영역과 소유주가 구별되어 있었음을 짐작할 수 있다. 아마 물고기가 다니는 길목에 자리 잡은 어뢰 소유주는 상당한 부를 축적했을 것이다.

　이러한 어업 방식은 경남 남해군 지족해협에서 지금도 성행하고 있는 '죽방렴' 어업 방식과도 상통한다. 죽방렴은 물살이 빠른 곳에 대나무로 가두리를 만들어 그물을 쳐두고 이곳으로 떠밀려 들어오는 멸치를 잡는 방식이다. 유자망이나 정치망을 이용하는 어업은 한 번에 대량으로 멸치를 잡아낼 수 있지만, 그물에 잡힌 멸치를 털어낼 때 그 원형이 훼손된다. 반면 죽방렴 어업방식은 밤새 대나무 가두리에 들어온 멸치를 아침에 뜰채로 떠내는 방식이라 어획량은 적지만 멸치의 원형이 잘 보존되어 상품 가치가 높다. 필자도 죽방렴 어업을 하는 어민들과 함께 며칠을 보낸 적이 있었다. 새벽녘 물때에 맞춰 어민과 함께 죽방으로 향하며 밤새 어떤 물고기들이 죽방 속에 들어와 있을까 기대했던 기억이 새록새록 하다.

* **방어와 부시리의 구별법**
두 어종의 가장 쉬운 구별법은 턱의 모양을 살피는 것이다. 위턱의 후단부가 네모나게 각이 져 있으면 방어, 둥근 형태이면 부시리이다. 각진 정도가 애매하면 지느러미를 살펴보면 된다. 방어는 가슴지느러미와 배지느러미 길이가 비슷한 데 비해 부시리는 가슴지느러미가 배지느러미보다 짧다. 잡히는 철에 따른 구별도 가능하다. 방어는 겨울이 제철이라면 부시리는 여름에서 가을까지가 제철이다. 이맘때 방어는 통통하게 살이 오른다. 방어의 대표적 생산지인 제주도 모슬포에서는 해마다 11월이면 방어축제가 열린다.
방어와 부시리 모두 크기가 클수록 맛있다. 일정 크기를 넘어서면 맛과 향이 떨어지는 다른 어종과의 차이점이다.

| 죽방렴 어업방식 |

1. 밤새 거센 조류와 함께 멸치들이 죽방 속으로 들어온다.
2. 새벽에 죽방으로 나간 어민들이 죽방 속에 쳐둔 그물을 당겨내고 있다.
3. 죽방 안으로 들어간 어민이 그물 속에 잡힌 멸치를 뜰채로 퍼 올리고 있다.
4. 죽방멸치는 그물코에 멸치가 걸려 훼손되지 않아 원형이 잘 보존되어 있다.
5. 그날 잡은 멸치는 바로 가마솥에 넣고 삶아낸다.
6. 삶은 멸치를 말리면 명품 죽방멸치가 탄생한다.

<牛山雜曲>

燕尾亭頭集小艚
辰時末站海潮高
漁人布箔潛相語
襄柁今年注石牢

<우산잡곡>

연미정 어귀에 거룻배 모이니
아침나절 파도가 높구나.
어부들 대나무 발을 어조에 두르고 가만히 하는 말
금년에는 양타가 석뢰에 몰린다지.

오鰞
로鮱

| 갑오징어 |

지금 우리가 먹는 오징어의 대부분은 '피둥어꼴뚜기(살오징어)'이기에 이들이 오징어의 대명사가 되었지만 예전에는 오적어(烏賊魚), 즉 오징어라 부르는 것은 갑오징어만을 지칭했다.

鮱鮧 一名烏老人 一名幞頭魚 一名烏賊奴 一名僧魚
尾以上似小鱸 有肉尾長尺餘 捲則如猪毛帚子 張則如
團扇 常時捲行 水中見鳥則張尾倒起裹其身 一頭圓滿
與僧頭 一頭半開凹如牢子 幞頭浮水上 出沒水鳥鷺鷥
淘河鴉鳧之屬 從凹處窺見 魚頭以喙啄之 魚輒牢合凹處
牽而入水 須臾鳥死 此魚體肉不佳 尾肉色淡黃 熟則爛紅
作羹味似鮣魚 然不辣甚佳 尾尖有贅肉如鳥殼有毒須抉去
有一種混沌幞頭 天生張裹 不能捲束 食之令人拘攣云
蓋烏賊之類也

오로(鮱鮧)는 일명 '오노인(烏老人)'이다. '복두어(幞頭魚)'라고도 하고, '오적노(烏賊奴)'라고도 하며, '승어(僧魚)'라고도 부른다. 꼬리 위는 작은 농어(鱸魚)와 비슷하다. 꼬리 길이는 한 자쯤 된다. 꼬리를 오므리면 돼지털로 만든 빗자루 같고, 펼치면 둥근 부채 같다. 평소 물속을 다닐 때는 꼬리를 말고 다니다가 물속에서 까마귀를 보면 꼬리를 펴고 거꾸로 서서 새의 몸을 얽어맨다. 한쪽 머리는 둥글어서 중의 머리와 같고, 한쪽 머리는 반쯤 열려서 오목한 감옥과 같다. 두건을 쓴 것 같은 머리로 물위에 떠 있다가, 물새인 가마우지와 해오라기나 까마귀, 물오리 등이 나타나면 오목한 머리 안에서 몰래 엿본다. 물새들이 제 머리를 쪼면 곧장 감옥처럼 오목한 머리를 닫아 물새를 물고 물속으로 들어가, 새는 순식간에 죽고 만다.

이 물고기의 살은 그렇게 맛있지 않다. 꼬리의 살은 색깔이 옅은 황색이나 익히면 밝은 붉은색이 된다. 국을 끓이면 맛이 홍어와 비슷한데 맵지 않고 맛이 매우 좋다. 꼬리의 끝에 군더더기 살이 있는데, 새알처럼 둥근 모양으로 독이 있으니 반드시 떼어내야 한다.

'혼돈복두(混沌幞頭)'라는 근연종이 있다. 태어나면서부터 꼬리가 펼쳐져 있어서 오므려지지 않는다. 이 혼돈복두를 먹으면 뻗정다리가 된다고 한다. 이것도 오징어의 일종이다.

..

어보에 등장하는 오로(鰞鱸)를 두고 다수의 학자들이 오징어라 이야기하지만 엄밀하게 보면 갑오징어로 보는 게 맞다. 담정은 오로(鰞鱸)를 '오노인(烏老人)', '복두어(幞頭魚)', '오적노(烏賊奴)', '승어(僧魚)' 등 여러 이름으로 적었다. 바다에 사는 어류에 '까마귀 오(烏)'자를 붙인 것은 먹물을 뿜어대는 오징어를 보고 검은색의 상징 동물인 까마귀를 연상했기 때문이리라.

그런데 중국 문헌에서는 오징어를 '까마귀 오(烏)'에 물고기를 뜻하는 '즉(鯽)'자를 붙여 '오즉어(烏鯽魚)'라 썼다. 이 오즉어가 우리나라로 전해지는 과정에서 '도둑 적(賊)'자로 바뀌어 오적어(烏賊魚)가 된 듯하다. 아마 음이 같고 다소 쉬운 한자어를 찾고자 했던 이유였을 것이다. 한편 오징어가 까마귀나 가마우지와

목숨을 걸고 사투를 벌일 가능성은 있다. 오징어가 수면 가까이 올라오면 이들 조류들이 만만한 먹잇감으로 알고 낚아채기 위해 내려앉는다. 이때 위협을 느낀 오징어는 필사적으로 이들을 잡아 물속으로 끌고 들어갈 것이다. 이들의 사투를 지켜본 사람들은 마치 오징어가 까마귀나 가마우지를 사냥하기 위해 짐짓 죽은 척 물위에 떠 있는 것으로 생각했을 수 있다.

이런저런 이야기를 전해 들은 담정이 "오로(鱋鲯)의 한쪽 머리는 둥글어서 중의 머리와 같고, 한쪽 머리는 반쯤 열려서 오목한 감옥 같은데 오목한 머리 안에서 몰래 엿보다가 물새들이 자신의 머리를 쪼면, 바로 감옥처럼 오목한 머리를 닫아 물새를 물고 물속으로 들어간다"고 기록한 것으로 보인다. 담정이 말한 머리 형상은 몸통 전체를 둘러싸고 있는 지느러미의 안팎을 묘사한 것이다. 그러므로 담정이 기록한 오로(鱋鲯)는 지느러미가 몸통 끝에만 붙어 있는 화살오징어나 창오징어가 아니라 몸통 전체에 붙어 있는 갑오징어로 봐야 한다. 『자산어보』나 『전어지』 등에서도 오적어(烏賊魚)에 대해 "등에는 하나의 뼈가 있는데, 생긴 모양은 배와 같다"라고 했다. 결국 과거 선조들이 기록한 오적어(烏賊魚)는 갑오징어임 명확해진다. 갑오징어의 갑(甲)은 몸통에 들어 있는 뼈를 이른다.

한편, 오징어 어원의 근거가 되는 오징어 먹물을 가지고 글씨도 쓸 수 있다. 처음에는 일반 먹물보다 광택이 나고 진하지만,

시간이 지나면 말라붙은 먹물이 종이에서 떨어져나가 글씨가 없어진다. 그래서 믿지 못할 약속이나 지켜지지 않는 약속을 말할 때 '오적어묵계(烏賊魚墨契)'라고 한다.

* 통일의 훈풍어가 된 오징어

2018년 평창동계올림픽 때 남한을 찾은 북한 대표단과의 환담자리에서 있었던 일화이다. 임종석 대통령 비서실장이 '오징어'와 '낙지'가 남과 북에서 서로 반대로 사용된다고 하자, 북한대표단 김여정 특사가 "그것부터 통일해야겠다"고 화답해 웃음을 자아내었다. 이로 인해 오징어가 통일의 훈풍어로 등장했다. 오징어와 낙지가 서로 반대라는 대화는 오랜 분단으로 인한 남과 북의 이질감을 상징적으로 나타내지만, 임 실장의 이야기처럼 반대로 쓰인다기보다는 지칭하는 대상이 다르다. 북한에서는 우리가 오징어라 부르는 화살오징어를 '낙지'라고 하고 갑오징어를 '오징어'라 한다. 임종석 실장의 말처럼 낙지를 두고 북에서 오징어라고 하지는 않는다. 북한에서 화살오징어를 '낙지'로 부르게 된 경위에 대해서는 연구가 필요하다. 다만 『우해이어보』에도 드러나듯이 예전에 오적어(烏賊魚), 즉 오징어라 부르던 것은 갑오징어를 지칭한다.

<牛山雜曲>

耳鳴酒媼紫筼藍
烏賊奴魚滿一壜
笑向爐前添炭子
銅鍋烹得色紅酣

<우산잡곡>

귀밝이술 파는 노파 자주색 대바구니
항아리에 오징어 가득 담아놓았네.
웃음 지으며 화로에 숯을 넣으니
구리 솥 안 오징어 붉게 익어가네.

노로어 鱸奴魚

| 농어 |

사내아이들이 천렵을 즐기고 있다. 담정은 노로어가 활발하게 유영하는 모습을 사내아이의 활달한 모습에 비유했다.

19세기 초 담정은 무엇을 보았나? · 97

鱸奴魚一名鱸鯣 鯣者男也 男與奴其義近之 狀似鱸
魚而小 長不過六七寸 巨口紅眼 鱗細如雙文交織絹紋
鰓頰及吻際 微有黃色 尾根兩鬐闇紅 此魚善跳嗜稻
每秋稻熟則隨潮入近海通谿澗處 跳入稻田食稻 隨汐水下去
日以爲常 土人謂之豢魚 其曰豢魚者 以善跳也 東方方言豢呼盧奴
盧者神犬名 鱸奴之義 似亦取此歟 味似鱸魚

노로어(鱸奴魚)는 일명 '노남(鱸鯣)'이다. '남(鯣)'이란 '사내(男)'이다. '남자(男)'와 '노예(奴)'는 그 의미가 유사하다.

생긴 모양은 농어와 비슷하지만 크기가 작아 길이는 6~7촌에 불과하다. 입은 비교적 크고 눈이 붉다. 비늘은 가늘어서 마치 한 쌍의 생견(生絹)*으로 무늬를 짜놓은 것처럼 보인다. 아가미뼈와 주둥이 언저리에는 희미한 황색 빛이 나고, 꼬리 끝 부분과 양 지느러미는 어두운 붉은색이다.

이 물고기는 잘 뛰어오르며 벼를 좋아한다. 매년 가을 벼가 익을 때면 조(潮)를 타고 인근 바다와 통하는 하천을 통해 논으로 뛰어올라 벼를 먹고

---

* 삶지 않은 명주실로 얇고 성기게 짠 비단.

는 석(汐)에 따라 내려간다. 이러한 일이 날마다 반복됐다. 이곳 사람들은 이 물고기를 '노루물고기'라고 부른다. 그 이름은 '노로'라는 뜻인데 잘 뛰어오르기 때문이다. 우리나라의 방언으로 노루(麞)를 노로(鱸奴)라고 부른다. '노(盧)'는 머리가 좋은 훌륭한 개의 이름인데 노로(鱸奴)라는 뜻과 비슷하므로 이것에서 취했을 것이다. 맛은 농어와 비슷하다.

· ·

어보에 등장하는 노로어(鱸奴魚)는 농어 새끼인 '껄떼기'로 보인다. 담정은 껄떼기를 농어와 다른 종으로 생각한 듯하다. 이는 "농어와 비슷하지만 농어보다 작아서 길이가 6~7촌(寸)에 불과하다"라는 부분에서 짐작할 수 있다.

담정은 노로어(鱸奴魚)를 설명하며 "노로어(鱸奴魚)는 일명 '노남(鱸鰋)'이다. '남(魚男)'이란 '사내(男)'이다", "이곳 사람들은 노로어를 '장어(麞魚)'라고 부르는데, 그것은 노루처럼 잘 뛰어오르기 때문이다"라고 했다. 껄떼기가 뛰어오르며 활발하게 유영하는 모습을 사내아이의 활달한 모습 또는 노루처럼 잘 뛰어오르는 데 비유한 것이다.

또한 "매년 가을 벼가 익을 때면 바닷물을 따라 바다와 계곡이 서로 통하는 곳으로 들어온다. 그리고 매일 논으로 뛰어들어 벼를 먹고, 바닷물을 따라 내려가곤 한다"고 했다. 이는 농어가 어릴 때는 담수를 좋아해 봄에 육지와 가까운 바다로 들어오며, 여름에는 강 하구까지 거슬러 왔다가, 가을이 되면 깊은 바다로 이동하여 겨울을 나는 습성을 묘사한 것으로 보인다. "노로어(鱸奴魚)가 '조(潮)'를 타고 들어왔다가 '석(汐)'을 타고 바다로 돌아가는데, 이러한 일은 날마다 반복된다"며 조석(潮汐)*현상도 언급했다.

껄떼기는 여름 무더위가 한창일 때 강 하구까지 거슬러 오르는데, 그러면 왜 담정은 "가을 벼가 익을 때면 농어가 바닷물을 따라 바다와 계곡이 서로 통하는 곳으로 들어온다"고 했을까. 이는 양력에 맞춰 생각하는 현대의 계절과 음력을 기준으로 하는 24절기 계절의 변화에 차이가 있기 때문이다. 가을이 시작된다는 입추(立秋)는 양력 8월 6일에서 8일 사이로 아직 여름이 한창일 때이다. 담정이 〈우산잡곡〉에서 "노로어가 푸른 논 속으로 뛰어들었다"고 한 것으로 봐도 담정이 노로어를 관찰한 시점은 입추는 지났지만 아직 논의 벼는 누렇게 익지 않았을 8월에서 9월 중순경이었음을 짐작할 수 있다.

한편, 강아지, 망아지, 송아지, 병아리 등 육상동물 새끼를 어미와 구별해서 이름 짓듯 껄떼기처럼 어류도 새끼에게 별개의 이

---

* 지구·달·태양 간의 인력에 의하여 발생하는 해수면의 규칙적인 승강운동이다. 조석 주기는 만조에서 다음 만조 또는 간조에서 다음 간조까지의 시간으로, 약 12시간 25분이다.

름을 붙이는 예가 많다. 가오리 새끼는 간자미, 잉어 새끼는 발강이, 조기는 꽝다리, 열목어는 팽팽이, 명태는 노가리, 고등어는 고도리, 숭어는 모치, 모쟁이, 모롱이, 동어 등 각각 별개의 이름이 있다. 전어는 특이하게 성장 단계에 따라 이름이 세 가지로 나뉜다. 가장 작은 것이 새살치, 조금 더 크면 전어사리, 더 커서 사람으로 치면 사춘기쯤의 전어는 엇사리라고 한다. 방어 새끼도 아주 작은 것은 떡마래미, 조금 큰 것은 마래미로 불린다. 갈치 새끼는 풀치라 한다.『자산어보』에서는 농어의 어린 물고기를 '보로어(甫鱸魚)' 또는 '걸덕어(乞德魚)'라 기록했다.

한편, 농어가 검은색 물고기라는 의미를 가진 '노어(鱸魚)'에서 유래했다는 기록이 있다. 농어의 색을 단지 검다고만 볼 수 없지만 보는 방향이나 빛의 반사에 따라서 금속성의 은회색이 다소 검게 보이기도 한다. 이런 노어가 농어로 불리게 된 데 대해 설명하려면, 훈민정음 창제 이후 1933년 10월 19일 한글 맞춤법 통일안이 제정될 때까지 사용되던 한글 옛 자음의 하나인 'ㆁ'의 음가에 대한 설명이 따라야 한다. 과거에는 'ㆁ'와 'ㅇ'을 각각 구별하여 썼으며 'ㆁ'도 분명한 음을 가졌다. 지금은 'ㆁ'자가 없어져 'ㅇ'자가 첫소리에 쓰이면 창제 시의 'ㅇ'이 되어 음가가 없지만, 받침에 쓰이면 창제 시 'ㆁ'자가 되어 음가를 가진다.

이러한 현상은 한자어를 우리 식으로 옮길 때 두드러지게 나타난다. 정약용의『아언각비』에 의하면 노어(鱸魚)를 '노웅어', 리어(鯉魚)를 '이응어', 부어(鮒魚)를 '부응어'로 적는다. 이 발음들이 현재에 와서는 'ㅇ'이 앞 글자의 받침으로 붙어 각각 농어, 잉어, 붕어가 되면서 음가를 가지게 된 것이다. 농어의 경우 발음에 맞춰 다소 쉬운 한자로 기록하다 보니 '농사 농(農)'자를 붙여 농어(農魚)로 표기되기도 했는데, 정약용은 『아언각비』에 農魚라는 표기가 우리나라에서 만든 말임을 밝혀두었다.

<牛山雜曲>

漁村搖落近谿遊
茆居蕭然亂午烟
忽聽泥頭聲撥剌
鱸男跳出碧杭田

<우산잡곡>

어촌에 낙엽 지고 개울물 유유히 흐르는데
외딴 초가집 점심 연기 피어오르더니
갑자기 모래밭 어귀에 물고기 뛰는 소리
노로어가 푸른 논에 뛰어들었나 보다.

석수사돈 石首查頓

| 조기 |

어민들이 근해에서 잡은 조기를 그물에서 털어내고 있다. 우리나라 사람들이 가장 많이 먹는 어류는 고등어, 명태, 오징어이지만 가장 좋아하는 어류라는 타이틀은 늘 조기가 차지한다.

石首查頓似石首而小 尾尖色微紅 煮食如石首 㬃則味辣口 方言婦
之父 婿之父 相查頓

석수사돈(石首查頓)은 석어, 즉 조기(石首魚)와 비슷한데 조금 작다. 꼬리가 뾰족하고, 엷은 홍색을 띤다. 구워 먹으면 맛이 조기와 같고 말리면 조금 매워진다. 방언에 딸의 아버지와 사위의 아버지를 서로 '사돈(查頓)'이라고 한다.

조선 영조 때 언어학자 황윤석(黃胤錫, 1729~1791)의 『화음방언자의해(華音方言字義解)』에 의하면, 조기의 우리말은 머릿속에 단단한 뼈가 있어 석수어(石首魚)인데 중국명인 종어(鯼魚)라는 음이 급하게 발음되어 '조기'로 변했다 한다. 조선 영조·정조 때의 문신 이의봉(李義鳳, 1733~1801)은 『고금석림(古今釋林)』에서 석수어의 속명이 '조기(助氣)'인데 이는 사람의 기운을 도우는 것이라고 했다. 이러한 문헌을 바탕으로 볼 때 어보에 등장하는 석수사돈(石首查頓)은 조기와 닮은 종으로 봐야 한다.

조기는 전 세계에 약 162종, 우리나라 연해에는 참조기, 보구치, 부세, 흑구어, 물강다리, 강다리, 세리니 등의 11종이 분포한다. 이 중 황색을 띠어 황조기라고도 불리는 참조기가 으뜸이다. 일반적으로 조기라 함은 참조기를 지칭한다.

지금도 그러하지만 당시에도 조기는 제사나 명절 차례상에 올려왔으며, 잔칫상에도 빠지지 않아 잘 알려져 있던 어류였다. 담정은 이채로운 종을 기록하면서 구태여 조기를 언급하지는 않았을 것이다. 그래서 담정은 조기와 닮은 어류인 석수사돈(石首查頓)을 별종으로 기록한 것으로 보인다.

사돈은 대개 비슷하면서도 조금은 다른 면이 있는 것을 비유할 때 쓰는 말이다. 이는 '사돈의 팔촌'이라는 속어로도 알 수 있다. 석수사돈을 "조기와 비슷하지만 조기가 아닌 것"이라고 묘사한 것으로 보아, 어보에 등장하는 석수사돈(石首查頓)은 조기를 닮은 보구치, 부세 또는 수조기가 아닐까 한다. 이 중 부세는 진해보다 조금 더 남서쪽으로 가야 잡히는 종이다. 보구치는 체색이 흰색이라 흔히 백조기라 불리니 엷은 홍색이라는 담정의 묘사와는 맞지 않다. 남은 것은 수조기인데 수조기는 참조기보다 크다. 이러한 사실들을 종합하면 담정이 기록한 석수사돈은 수조기 새끼로 보인다.

녹표어 綠鰾魚

| 철갑상어 |

산업화에 따른 환경오염으로 야생에서 철갑상어를 만나기가 힘들어지자 경남지역을 중심으로 활발하게 양식되고 있다.

鯥鰾長鰾魚也 一名綠膘 形似鯊魚 稍廣味酸 皮沙柔頓不勁 腹中
有長膘 淺綠色味甘 作膠如靑玻瓈堅黏 勝鮦魚鰾 鮦魚 俗言民魚
鰾黃色 南北通用者 土人或捕綠膘 漉其膘 潛賣東萊倭市 否則炰
食 京師商賈問之 則牢諱不言 恐其有官歛也 此魚以初夏梅雨時
乘潮上來 他時不來 故土人家家另具一小舟 待立夏後 時雨新晴往
捕之 有一種名白鰾魚 鰾色皓白如雪 品勝綠鰾云

녹표(鯥鰾)는 긴 부레를 가진 물고기이다. 일명 '녹표(鯥膘)'라고 한다. 생긴 모양은 상어(鯊魚)와 비슷하나 약간 넓적하고 맛이 시다. 껍질은 모래처럼 부드럽고 연하며 억세지 않다. 배 속에 긴 부레가 있는데, 연한 녹색이고 맛이 좋다. 이것으로 아교를 만들면 푸른 유리가 녹은 것처럼 찐득해진다. 견고한 점성이 있어 동어의 부레보다 낫다. 동어는 민간에서 민어라고 하는데 부레가 황색이다. 남쪽과 북쪽에서 모두 통용되는 이름이다.

이곳 사람들은 간혹 녹표어를 잡으면 그 부레를 말려 몰래 동래(東萊)의 왜(倭) 시장에 내다 판다. 그렇지 않으면 자신들이 구워 먹는다. 서울의 상인들이 물어보면 즉시 이를 숨기고 말하기를 꺼린다. 관가에서 압수 또는 단속할까 봐 두렵기 때문이다. 녹표어(鯥鰾魚)는 초여름 매실이 익어갈 때 조수를 타고 위로 올라오며 다른 때에는 올라오지 않는다. 그래서 이곳 사람들은 집집마다 별도로 작은 배 한 척을 준비하여 입하(立夏) 후 비가 개일 때를 기다렸다가 한꺼번에 나가서 잡는다.

또 '백표어(白鱎魚)'라는 근연종이 있다. 부레 색이 눈처럼 흰색이어서 품질이 녹표어(綠鱎魚)의 부레보다 낫다고 한다.

· ·

어보에 등장하는 녹표어(綠鱎魚)는 철갑상어로 추정된다.

철갑상어는 100센티미터가 넘는 크기에 전체 몸은 원통형이며 비늘이 판 모양이다.

이러한 외형적 특성 때문에 담정은 생긴 모양이 "鯊魚(상어)와 비슷하나 조금 넓적하다"라고 표현한 것으로 보인다. 경골어류인 철갑상어는 생긴 모양이 상어를 닮아 이름만 상어일 뿐이지 연골어류인 상어와는 생태학적으로 다르다. 특히 상어는 껍질이 꺼칠꺼칠하지만 철갑상어는 매끈한 편이다. 그래서 담정은 꺼칠한 상어 피부와 구별하기 위해 '皮沙柔頓不勁(껍질은 모래처럼 부드럽고 연하며 억세지 않다)'라고 부연한 것으로 보인다.

담정은 "녹표어 부레로 아교를 만드는데 이는 민어 부레로 만든 것보다 낫다"고 했다. 옛사람들은 주로 소가죽으로 만든 '소아교'와 물고기 부레로 만든 '어교'를 사용했다. 이 중 민어 부레로 만든 어교는 각궁(물소 뿔로 만드는 활)이나 정교한 목기를 만들 때 사용되는 고급품이었다. "이 풀 저 풀 다 둘러도 민어풀이 따로 없네"라는 말이 있을 정도이다. 그런데 담정은 이 민어 부레 풀보다 녹표어 부레로 만든 어교가 접착력이 더 좋다고 했다.

담정이 기록한 민어 부레풀보다 더 좋은 최상품 어교는 무엇일까. 광일문화사에서 2008년 발간한 『식품과학기술대사전』에서는 "어교 중에 최상의 것은 철갑상어 부레로 만들어진 것"이라고 기술한다. 철갑상어 부레와 민어 부레 중 어느 쪽이 최고인지에 대한 논란은 차치하고, 철갑상어 부레 역시 접착력이 좋다는 것은 확실해진다. 이채로운 물고기를 기록하고자 했던 담정의 입장에서는 민어보다 귀하게 잡혔을 철갑상어가 눈높이에 맞았을 것이다.

어보에는 또한 "이곳 사람들은 녹표어를 잡으면 부레를 말려 몰래 동래(東萊)의 왜(倭) 시장에 내다 판다. 그렇지 않으면 자신들이 구워 먹는데, 서울의 상인들이 물어보면 이를 숨기고 말을 하지 않는다"라는 대목이 나온다. 녹표어는 귀하게 잡히던 어종이어서 이를 유통하기 위해서는 관청에 신고를 해야 했고, 관청에 신고를 하면 높은 세금을 물거나 압수당하곤 했기 때문이었을 것이다. 그래서 당시 어민들은 녹표어를 잡으면 자신들이 구워 먹어버리거나, 유통 과정을 추적하기 어려운 왜(倭) 상인들에게 몰래 팔았다는 이야기이다.

담정의 기록에서 흥미로운 것은 동래(東萊) 왜 시장에 대한 기록이다. 19세기 초 담정의 유배생활지였던 진해를 비롯한 남해안에서 가장 큰 마을은 동래(東萊)였다. 동래는 왜(倭)와의 관계 때문에 군사적, 경제적으로 중시되었다. 수군(水軍)은 동래에 경상도 좌수영(左水營)을 두어 부산포(釜山浦)·다대포(多大浦)·서생포(西生浦)·개운포(開雲浦)·두모포(豆毛浦)·서평포(西平浦)·걸이포(乞伊浦) 등의 속진(屬鎭)을 직접 관할했고, 육군(陸軍)은 동래에 독진(獨鎭)을 설치하여 도호부사(都護府使)가 겸임하면서 양산(梁山)·기장(機張)을 관할하였다. 당시 사람들은 동래장을 통해 부산포를 중심으로 남해안에서 집산된 풍부한 해산물을 주변의 농업지역에 제공하면서 시장의 활기를 이어갔다. 1876년 부산포가 개항하면서 동래 읍내장의 상권이 왜관이 있던 초량으로 서서히 넘어갔지만 그 이전까지는 동래가 교역의 중심이었다. 이는 담정이 언급한 '東萊倭市(동래왜시)' 네 글자에 함축되어 있다.

"녹표어(鯥鰾魚)는 초여름 매실이 익어갈 때 조수를 타고 위로 올라오며 다른 때에는 올라오지 않는다"는 부분에 대해 이야기해보자. 이는 어릴 때는 바다 연안과 강 하구에 살다가 성어가 되면 초여름인 6월께 강으로 거슬러 올라오는 철갑상어의 생태를 묘사한 것으로 보인다. 철갑상어는 당시 집집마다 별도로 작은 배 한 척을 준비해야 할 만큼 귀하게 잡혔기 때문일 것이다.

유라시아대륙과 북아메리카의 한대에서 온대에 걸쳐 사는 철갑상어는 24종이 알려져 있다. 이 중 러시아에 사는 종은 전체 길이가 8미터를 넘는 것도 있다. 철갑상어의 알을 염장한 '캐비아'는 고급 식재료로, 카스피해산을 최고급품으로 친다. 우리나라에서는 1996년 3월 특정 야생동식물 보호어종으로 지정하여 보호하고 있다.

<牛山雜曲>

黃梅雨霽麥齊腰
馬莧初芽野雉嬌
舴艋沙堤飛到泊
一時舖曬綠長鰾

<우산잡곡>

매화철 비는 걷고 보리는 허리춤까지 자라니
말비름 싹 돋고 들판의 꿩들은 짝을 짓는데
작은 배들 모래언덕에 날듯이 닿더니
일시에 녹표어 부레 펼쳐 말리네.

표어 豹魚

| 곰치 |

주로 열대 해역에 서식하는 곰치는 담정의 묘사대로 성격이 포악하고 상당히 공격적이다. 길쭉한 몸의 대부분을 바위틈 등에 숨기고 있다가 물고기가 지나가면 용수철 튀듯 쭉 뻗어 나와 공격한다. 이러한 곰치를 잡기 위해 새끼줄에 잡어 고니를 꿰어서 배 주변에 줄지어 걸어놓았다는 풀이는 흥미롭다.

豹魚鱓鮍 也 一名文彪魚 形與鮎魚酷肖 大者丈餘
渾身白點 如三錢錦豹子皮 皮厚而堅 臍下一寸許
有芒如鯊魚沙 此魚性猛而慾食魚 魚皆畏之
土人以繩貫 諸雜魚鰤子 列掛船邊 使魚頭沈水至海中立定
豹魚必來銜魚頭 迺徐徐迴船 至淺水立定 頭向海中 尾向淺水
從頭持小銅鉦 急打一 下魚輒驚 跳出淺水外 以竹柄銕鎗刺而獲之
此魚極難得 肉亦不好喫 然倭商海求其皮 故魚入往往捕之
鮮皮瀞㳂 潛賣萊人云 然亦不知其所用也

표어(豹魚)는 선표(鱓鮍)이다. 일명 '문표어(文彪魚)'라고도 한다. 그 모습이 점어, 즉 메기와 매우 닮았다. 큰 것은 한 길 남짓 정도 되며, 온몸에 흰 점이 있다. 삼전금(三錢錦)이나 표범의 가죽과 같은데, 두껍고 견고하다. 배꼽 아래 한 치쯤에 상어처럼 까끄라기*가 있다. 이 표어는 성질이 사납고 탐욕스러워 다른 물고기들을 잡아먹으려고 해서 물고기들이 모두 두려워한다.

* 벼, 보리 따위의 낟알 껍질에 붙은 깔끄러운 수염. 또는 그 동강이.

이곳 사람들은 새끼줄에 온갖 어류의 고니를 꿰어 배 주변에 줄지어 매달 아놓거나 물고기 머리를 물속에 넣어 바다에 똑바로 세워놓는다. 그러면 반드시 표어가 다가와 물고기 대가리를 문다. 이때 천천히 배를 돌려 얕은 물가로 나와 뱃머리를 바다로 향하고 배꼬리를 물이 얕은 뭍으로 향하게 둔다. 뱃머리에서 작은 징으로 급하게 한 번 때리면 밑에 있는 표어가 놀라서 얕은 물 밖으로 튀어오르는데, 이때 대나무 자루로 된 쇠창으로 찔러서 잡는다.

이 물고기는 잡기가 매우 어렵다. 고기도 먹기에는 좋지 않다. 그러나 왜(倭) 상인이 매번 그 가죽을 구하려고 하기 때문에 어부들이 종종 이 물고기를 잡아 생가죽을 깨끗이 말려서 몰래 동래의 왜인들에게 판다고 한다. 왜인들이 가죽을 어디다 쓰는지는 모른다.

･･

어보에 등장하는 표어(豹魚)는 뱀장어목에 속하는 곰치이다. 곰치의 몸길이는 대개 약 60~100센티미터 정도이다. 인도양과 태평양 열대 해역에서 발견되는 대왕곰치(Giant moray)는 최대 3미터까지 자란다. 곰치는 전 세계적으로 15속 200종이 있으며 한국에는 알락곰치속에 알락곰치, 곰치속에 곰치·가지굴·백설곰치 등 2속 4종이 분포한다. 뱀장어처럼 긴 곰치의 몸은 꼬리가 얇고 넓으며 끝이 뾰족하다.

여러 학자들은 메기와 비슷하고 몸에 표범 무늬가 있다는 기록을 들어 표어(豹魚)를 쏨뱅이목 꼼칫과에 속하는 물메기로 보았지만, 담정의 묘사와는 차이가 크다. 담정은 "크기가 한 길 남짓"이라 했는데 물메기의 크기는 30센티미터에 불과하다. "피부가 두껍고 견고하다"고 했지만 물메기는 피부와 살이 연하여 일정한 모양을 갖추기조차 어렵다. 그래서 정약전은 『자산어보』에서 물메기를 바다메기라 하여 '해점어(海鮎魚)'라 적고 속명으로 '혼미할 미(迷)'자에 '역할 역(役)'자를 써서 '미역어(迷役魚)'라 기록했다. 이는 이 물고기를 두고 "무엇에 쓰는 물고기인가?"라는 의문을 가졌음을 짐작하게 하는 대목이다. 영어로는 꼼치를 '스네일피시(Snailfish)'라 한다. 느물거리는 살결이 달팽이를 닮아서이다. 담정은 "성질이 사납고 다른 물고기들을 잡아먹으려고 해서 물고기들이 모두 두려워한다"고 했는데 이러한 특성도 물메기와는 맞지 않다. 물메기는 바다 바닥면에 살면서 어릴 때에는 작은 새우류 및 조개류를 주로 먹고, 자라면서는 게류, 작은 어류, 또는 자신이 낳은 알을 먹는다.

담정은 표어를 잡는 과정을 생동감 있게 묘사했다. 곰치는 물속에서 대개 바닥면의 바위틈이나 수중동굴에 도사리고 있다. 때문에 수면 위로 끌어올리기 위해서는 미끼가 필요하다. 새끼줄에 잡어 고니를 꿰어 배 주변에 줄지어 걸어놓으면 먹이 냄새를 맡은 곰치가 수면 가까이로 올라오고, 이때 부리나케 징을 쳐서 놀라 튀어오르는 곰치를 창으로 찔러 잡는다는 설명이다.

담정은 곰치 가죽에 대해 "如三錢錦豹子皮"라며 찬사를 아끼지 않았다. 여기서 삼전(三錢)은 황금(黃金), 백은(白銀), 적동(赤銅)의 세 가지 동전을 말하며, 삼전금(三錢錦)이라 하면 질 좋은 비단을 이르는 말이다. 여기에 더해 담정이 이야기하는 표자피(豹子皮)는 표범 가죽으로 이 또한 피혁 제품 중 최상품이다.

삼전금에 표피와 닮은 곰치 가죽은 당시 일본(倭) 상인들에게 인기가 있었다. 어민들은 곰치를 잡아 가죽을 깨끗이 말려 '萊人(내인)'들에게 몰래 내다 팔았다. 여기서 말하는 '萊人'은 동래사람(東萊人)를 의미하는 듯하다. 앞선 〈녹표어(鯄鱺魚)〉 편의 "이곳 사람들이 녹표어 부레를 동래(東萊)에 있는 왜시장에서 밀거래했다"는 기록에서 유추할 수 있다.

녹표어(鯄鱺魚)와 표어(豹魚)의 기록을 볼 때 당시 남해안지역의 가장 큰 상권은 동래시장이었으며, 이곳에서 왜국(倭國)과의 밀거래가 성행했음을 짐작할 수 있다.

곰치는 담정의 묘사대로 성질이 포악해 눈에 띄는 것이라면 무엇이든 공격한다. 한 번 물리면 벗어나기 어렵다. 턱뿐만 아니라 입천장에도 날카로운 이빨들이 솟아 안으로 휘어진 채 늘어서 있기 때문이다. 입을 벌릴 때 흉측하게 보이는 턱과 입천장의 이빨은 먹이를 자르는 기능보다는 먹이가 도망가지 못하도록 고정시키는 역할을 한다. 한 번 걸려든 먹이는 안으로 휘어진 이빨 구조로 인해 조금씩 목구멍 쪽으로 이동되며, 목구멍 쪽에 있는 예비 이빨들이 이것을 씹어 넘긴다.

 곰치는 몸의 대부분을 바위틈에 숨기고 있어 밖으로 나온 머리 부분은 한 뼘 정도에 불과하다. 만만하게 생각하고 손을 내밀었다가 큰 화를 당할 수 있다. 똬리를 튼 몸이 용수철처럼 튀어나와 날카로운 이빨로 쐐기 박듯 손을 물어버리기 때문이다. 그리스 로마시대에는 곰치의 공격적인 특성을 이용해 곰치가 들어있는 큰 항아리에 죄인을 들어가게 하여 잔인하게 처벌했다고 전해진다. 또한 〈딥(DEEP)〉 등 할리우드 영화에서는 날카로운 이빨로 다이버를 괴롭히는 무서운 바다동물로 등장하기도 한다.

| 꼼치 |

일부에서는 메기와 비슷하게 생겼고, 몸에 표범 무늬가 있다는 기록을 들어 표어(豹魚)를 쏨뱅이목 꼼치과에 속하는 물메기라 이야기하기도 한다. 그러나 꼼치는 몸이 흐물흐물한 데다 공격적이지도 않다.

<牛山雜曲>

麻皮魚貫匝船頭
催渡南瀧立淺流
苦竹鋼鎗光似雪
一聲亮處刺文鰩

<우산잡곡>

삼노끈에 고기 묶어 뱃머리에 두르고
앞 여울 급히 건너 얕은 물에 배 세웠네.
참대자루 쇠창의 서슬은 눈처럼 빛나더니
외마디 크게 소리 지르며 문표어 찌르네.

| 삼치 |

삼치는 크기가 1미터에 달해 미끈하게 잘생겼다. '삼(參)'이 긴 것을 의미하기에 삼치(鯵鮭)라는 이름도 2~3미터까지 쭉쭉 뻗어 자라는 삼(대마)을 닮았다고 본 데서 유래했을 것이다.

鯵鯥 音參差 亦魴類 色微靑口小 味似魴魚而尤酸
土人以酸爲酵 故土人呼以酵魚 土人以爲珍味
然聞海估言 春夏之交 此魚多至水邊 與蛇蟒相風
至秋生卵和包 吐出䕻之淺水肥沙 至明春化生云
然則性與鱧魚相類 必有毒 土人以其卵爲龍卵
每霜後 土人男女 以銕鍬頭 掘沙得之 爲鮓甚美
漉喫亦佳 有一種名鯵鯥 四寸 狀似鯵鯥 然甚小味劣
土人亦不嗜啗

삼치(鯵鯥)는 음이 '삼치(參差)'인데 역시 방어 종류이다. 색은 옅은 푸른색이며 입이 작다. 그 맛은 방어와 비슷한데 조금 더 시다. 이곳 사람들은 '신 것(酸)'을 '참(酵)'이라고 하며, 그래서 삼치를 '참어(酵魚)'라 부르고 맛이 매우 좋다고 한다.

바닷가 사람들 말로는 봄에서 여름으로 바뀔 즈음 삼치 여러 마리가 물 근처로 몰려와 뱀이나 구렁이와 교미하고, 가을이 되면 알을 낳아 머금고 있다가 꺼내서 얕은 물가 비옥한 모래 속에 묻어두면 이듬해 봄 새끼가 태어난다고 한다. 그렇다면 성질이 가물치(魚蠡)와 서로 비슷하니, 반드시 독이 있을 것이다. 이곳 사람들은 이 알을 '용란(龍卵)'이라고 한다. 매번 서리가 내린 뒤에는 남자나 여자나 모두 쇠로 된 갈고리 끝으로 모래를 긁어서 용란을 꺼낸다. 젓갈을 담으면 매우 맛이 좋고, 말려서 먹어도 역시 맛있다.
또 '삼치사촌(鰺鯼 四寸)'이라는 근연종이 있다. 생김새가 삼치와 비슷하나 매우 작고 맛도 떨어진다. 이곳 사람들도 즐겨 먹지 않는다.

∴

어보에 등장하는 삼치(鰺鯼)는 농어목 고등엇과에 속하는 어류이다. 고등어와 생김새가 닮아서인지 삼치의 학명도 'Skombros(고등어)'와 'Homoros(닮은)'의 합성어인 'Scomberomorus'이다. 하지만 삼치는 등이 둥글게 부풀어 오른 고등어와 달리 크기가 1미터에 달하며 미끈하게 잘생겼다.

'삼(參)'이 긴 것을 의미하기에 삼치(鰺鯼)라는 이름의 유래는 2~3미터까지 쭉쭉 뻗어 자라는 삼(대마)을 닮았다고 보았기 때문일 것이다.

담정은 삼치 맛이 방어와 비슷하나 더 시다고 했다. 『자산어보』에서도 "맛은 시고 텁텁하다"고 했는데, 이는 지방이 많고 살이 연해 다른 생선에 비해 부패가 빠른 삼치의 특성을 '신맛이 난다'고 표현한 것으로 보인다.

담정은 삼치 맛이 좋음을 '士人以爲珍味'로 함축했다. 사실 삼치는 살이 연한 데다 맛이 고소하고 부드러워, 횟감에서부터 구이, 찜 등으로 인기가 있다. 그런데 삼치는 다른 생선에 비해 부패가 빠르다 보니 겉으로는 싱싱해 보여도 속은 상한 경우가 더러 있다. 서유구의 『난호어목지』에는 삼치를 마어(麻魚) 또는 망어(亡魚)라 기록하며 어민은 즐겨 먹으나 사대부는 입에 대지 않을 뿐 아니라 기피했다는 설명을 붙였다.

　삼치에 '망할 망(亡)'자가 붙은 데에는 다음과 같은 민담이 전해진다. 과거 강원도 관찰사로 부임한 아무개가 동해에서 잡히는 삼치 맛에 감탄했다. 관찰사는 자기를 이곳으로 보내준 한양의 정승에게 인사치레라도 할 양으로 큼직한 것을 골라 수레 가득 실었다. 강원도에서 출발한 수레가 한양 정승 집에 도착한 것은 며칠이 지난 후였을 것이다. 삼치를 받아든 정승은 큼직하고 미끈한 모양새에 흡족했다. 그런데 그날 밥상에 오른 삼치 맛을 본 정승은 입안에 가득 차는 썩은 냄새에 비위가 상해 몇 날 동안 입맛을 잃어버리고 말았다. 겉모습은 멀쩡해도 속은 이미 상할 대로 상해버린 탓이다. 정승은 괘씸함에 관찰사를 파직시키고 말았다는데…. 관찰사 입장에선 삼치 때문에 벼슬길이 망한 꼴이다. 그래서 후세 사람들은 삼치를 망어로 부르게 되었으며 사대부는 벼슬길에서 멀어지는 고기라 해서 멀리하였다고 한다.

　일부 학자들 중 삼치를 참다랑어라 규정하고 참치로 해석하기도 한다. 그러나 참다랑어가 '참치'로 불리게 된 것은 1957년 6월

29일 처녀항해에 나선 우리나라 첫 원양어선 지남호가 인도양에서 참다랑어 10여 톤을 잡아 부산항으로 들여온 이후부터였다. 당시 크기나 맛 등 바다에 사는 물고기 중 으뜸이라 할 만한 이 물고기를 다른 어류와 구별 짓고자 일본식 이름인 마구로(眞黑)의 '진(眞)' 대신에 비슷한 뜻을 지닌 우리말 '참'을 쓰고 그 뒤에 어류를 뜻하는 '치'를 붙였다는 것이 일반적이다.

다시 담정의 이야기로 돌아가보자. 담정은 삼치가 봄과 여름이 바뀔 때 교미하고, 가을철 알을 낳아 모래에 묻어두면, 이듬해 봄에 새끼가 태어난다고 기록했다. 그리고 삼치가 묻어둔 알을 '용란(龍卵)'이라고 하는데 사람들이 이 용란을 꺼내 젓갈을 만들어 먹는다고 했다. 그런데 이는 삼치의 생태와 맞지 않다. 삼치는 산란을 위해 3~6월 회유를 한다. 그럼 가을에 묻어 둔다는 '용란(龍卵)'은 무엇일까. 많은 어류들이 갯벌에 산란하는 것을 생각하면 담정이 맛있게 먹은 '삼치알젓'과 갯벌에서 채집하던 다른 어류의 '알'을 잘못 연관 지은 것은 아닐까?

<牛山雜曲>

花樣浦娃玉樣眸
紫紬三尺好纏頭*
爲尋龍卵摸沙穴
誤捉彭蜞笑不休

<우산잡곡>

아름다운 포구 여인 옥 같은 눈동자
자줏빛 명주비단 세자를 좋아하지.
용란을 찾으려고 모래구멍 뒤지다가
잘못해서 방게를 잡고는 까르르 웃음 그치지 않네.

---

* 전두(纏頭)는 광대, 기생, 악공 등에게 그 재주를 칭찬하여 사례로 주는 돈이나 물건을 뜻한다. 담정이 <우산잡곡>을 통해 이야기하고자 한 것은 용란(龍卵)을 잡는 시기가 되면 명주비단을 좋아하는 아리따운 기생들도 용란을 채집하기 위해 모래사장으로 나설 만큼 용란이 귀하게 대접받았음을 역설적으로 표현하기 위함이었을 것이다. 이들은 어로활동에 서툴다 보니 잘못해서 방게를 잡고(誤捉彭蜞) 웃음이 끊이지 않았을(笑不休) 것이다.

원앙 鴛鴦

| 자리돔 |

자리돔은 무리를 이루지만 암수 금슬이
유별해 두 마리가 짝을 이루어 다닌다.

魜䱜一名鴛鴦魚 一名海鴛鴦 狀似鯽魚口小 錦鱗紅頰
尾長而中短如燕子 此魚雌雄必相隨 雄行則雌銜雄尾
至死不落 故釣者必得雙 土人言得此魚 抉眼瀹濯
男佩雌眼 女佩雄眼 能令夫婦相愛 此魚不常有
余僦舍有隣居李生 嘗往釣巨濟洋曲中 得之而歸示余
魚已半瀹而猶銜尾不落

원앙(魜䱜)은 일명 '원앙어(鴛鴦魚)', '해원앙(海鴛鴦)'이다. 생김새가 납자루(魚節)와 비슷한데 입이 작다. 금 비늘, 붉은 아가미에 꼬리가 길며 꼬리 가운데 부분이 짧아 제비 꼬리 같다. 이 물고기는 암수가 반드시 같이 다닌다. 수컷이 헤엄쳐 가면 암컷은 수컷의 꼬리를 물고 간다. 죽더라도 떨어지지 않는다. 그래서 낚시를 하면 반드시 한 쌍을 낚는다. 이곳 사람들 말로는 원앙어를 잡아 눈알을 뽑아 깨끗하게 말린 다음, 남자는 암컷의 눈알을 차고 여자는 수컷의 눈알을 차면 부부의 금슬이 좋아진다고 한다.

 그러나 이 물고기가 항상 있는 것은 아니다. 내가 세를 사는 집의 이웃에 이생이라는 사람이 사는데 예전 거제도 먼 바다로 나가 낚시를 하다가, 이 물고기를 낚아 와서 나에게 보여주었다. 이미 반쯤이나 말랐는데도 꼬리를 물고 떨어지지 않았다.

· ·

어보에 등장하는 원앙(鴛鴦)은 자리돔이다. 혹자는 원앙을 납자루 또는 전갱이라고 해석했다. 하지만 납자루는 민물고기이기 때문에 담정이 묘사한 것처럼 거제도 바다에서 낚아 올릴 수는 없다. 그리고 전갱이는 지금도 그러하지만 당시에도 진해 앞바다에서 흔하게 만나는 어류이기에 이채로운 어류를 기록하고자 한 담정의 저술 의도와 맞지 않다.

필자가 원앙어를 자리돔이라고 단정하는 것은 "금 비늘, 붉은 아가미에 꼬리가 길며 꼬리 가운데 부분이 짧아 제비 꼬리와 같다"라는 담정의 설명을 근거로 한다. 실제 자리돔은 비늘이 황금색이며, 체장에 비해 긴 꼬리지느러미가 가랑이형으로 제비 꼬리 깃과 닮았다. 또한 담정이 "암수가 반드시 서로 따라 다닌다"고 했는데, 실제 바다 속에서 자리돔을 관찰하면 암수가 함께 짝을 지어 다니는 것을 알 수 있다. 그래서 당시 낚시로 자리돔을 잡으면 몇 마리씩이 한 번에 잡혀 올라왔을 것이다. 그런 이야기가 마치 암수가 함께 다니다 같이 잡히는 것으로 여겨져 금슬 좋은 물고기로 의인화된 듯하다.

"이 물고기는 늘 있는 것은 아니다(此魚不常有)"는 부분 또한 자리돔에 대한 중요한 단서가 된다. 지금은 기후변화 등으로 남해안뿐 아니라 동해안의 울릉도 해역에서도 자리돔이 살아가지만 19세기 초만 해도 자리돔은 진해 앞바다에서 흔하게 만날 수 있는 어종은 아니었을 것이다. 그래서 자리돔이 잡히면 새색시가 비녀를 팔아서라도 구할 정도로 귀하게 대접받지 않았을까?

| 자리돔 |
자리돔은 제주도 특산이다. 수지맨드라미 너머로 자리돔 떼가 무리를 이루고 있다.

<牛山雜曲>

浦家少婦淡紅粧
白苧單衫縹苧裳
密地携釵漁艇去
先頭擲賣海鴛鴦

<우산잡곡>

포구의 젊은 여인 연분홍 화장하고
푸른색 모시 치마에 흰 모시 적삼 입었네.
비녀 들고 남 몰래 고깃배로 달려가
제일 먼저 비녀 건네고 해원앙 사네.

모질 鮃鱝

| 창꼬치 |

꼬치고기는 길고 뾰족한 머리에 입이 눈가까지 찢어져 있어 상당히 공격적으로 보인다. 빠르게 헤엄치는 모습을 보면 마치 창이 날아가는 듯하다.

鮇鱴似秀魚 一身嘴鬣 皆利如矛戟 人誤觸則傷
土人言鮇魚入鯨腹蹂躪必死云

모질(鮇鱴)은 숭어와 비슷하다. 온몸이 주둥이와 지느러미로 되어 있어서, 창처럼 날카롭다. 잘못 건드리면 상처를 입는다. 이곳 사람들은 모질이 고래 배 속으로 들어가 헤집고 다니면 고래가 반드시 죽는다고 말한다.

. .

어보에 등장하는 모질(鮇鱴)은 농어목 꼬치고깃과에 속하는 꼬치고기로 보인다. 꼬치고기는 길고 뾰족한 머리에 눈가까지 찢어진 큰 입을 가지고 있다. 길쭉한 몸이 창(矛)을 닮았다. 이빨이 날카로운 데다 성질이 매우 사납고 공격적이어서 맨손으로 건드리면 물릴 수 있으므로 주의해야 한다.

이러한 꼬치고기의 특성을 담정은 주변 사람들의 말을 빌려 "잘못 만지면 상처를 입고, 고래 배 속으로 들어가 헤집고 다니면 고래가 죽는다"라고 설명한 것으로 보인다.

청가오리 青家鱝鯉

| 가오리 |

가오리와 홍어는 두 마리를 나란히 놓고 보면 쉽게 구별된다. 홍어(왼쪽)는 마름모꼴로 주둥이가 뾰족하다면, 가오리(오른쪽)는 원형 또는 오각형으로 전체적으로 몸이 둥그스름하다.

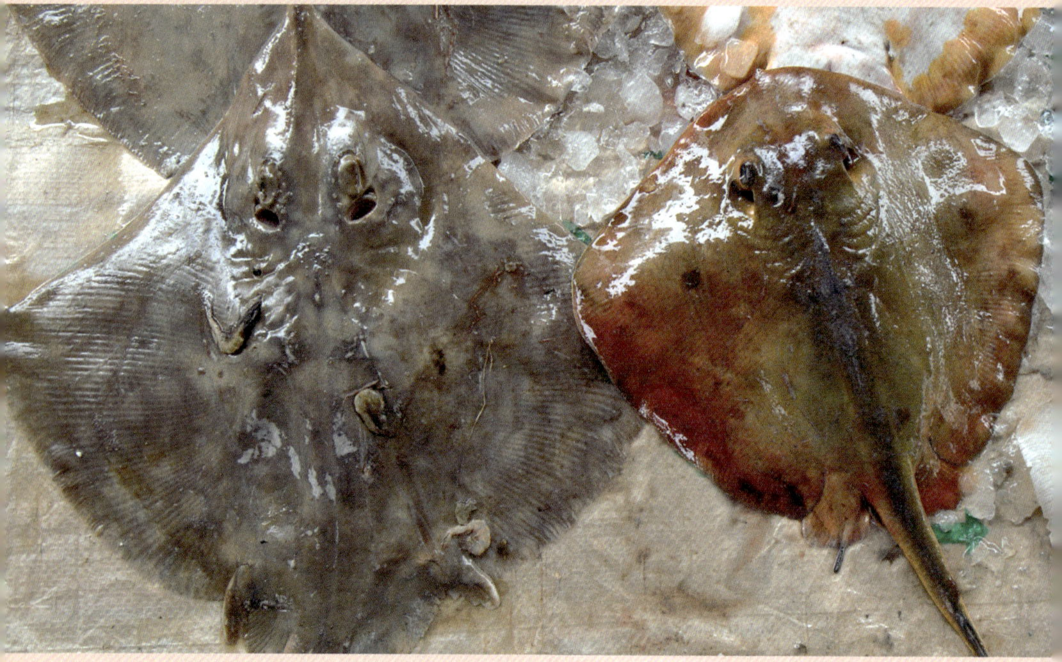

青家鯆鯉 魟之最大者 長一尺半 廣二丈 可駄一馬
背深靑色 味極佳 家鯆鯉者 方言魟魚也

청가오리(靑家鯆鯉)는 홍어(魟魚) 가운데 가장 크다. 길이는 1척(尺) 반이며, 너비는 2장(丈)으로, 말 한 마리에 실을 만하다. 등은 짙은 청색이고 맛이 아주 좋다. '가오리(家鯆鯉)'는 방언으로 '홍어(魟魚)'를 지칭한다.

어보에 등장하는 청가오리(靑家鯆鯉)는 청달내가오리로 보인다. 청달내가오리는 일본, 중국, 동남아시아 등에 서식하는 종으로 우리나라에서는 제주도 근해에서 발견된다. 『자산어보』에는 청가오리(靑加五里) 또는 청분(靑鱝)이라 하여 큰 놈은 너비가 열 자에 달하며, 고리에 송곳 모양의 날카로운 독가시가 있다고 하였다.

그런데 담정은 이를 두고 "길이는 '1척(尺)반'이며, 너비는 '2장

(丈)'"이라고 했다. 1척(尺)이 33센티미터, 1장(丈)이 3.3미터이니 담정의 묘사대로면 길이 50센티미터에 너비가 6.6미터가 되는 현실적이지 않은 모양새가 된다. 비율상 맞지 않다. 아마 길이를 '1장(丈) 반'이라 쓴다는 것을 '1척(尺) 반'으로 잘못 쓴 것으로 보인다.

그리고 '가오리(家鱙鯉)'의 방언을 '홍어(鯸魚)'라고 했는데 담정은 구태여 가오리와 홍어를 구별하지는 않은 것으로 보인다. 가오리와 홍어는 두 마리를 나란히 놓고 보면 그 차이를 쉽게 알 수 있다. 우선 홍어는 마름모꼴로 주둥이 쪽이 뾰족한 반면, 가오리는 원형 또는 오각형으로 전체적으로 몸이 둥그스름하다. 홍어는 배 부위 색깔이 등 부분과 비슷하거나 약간 암적색을 띠는 데 비해 가오리는 흰색이다. 이러한 외양상의 구별도 구별이지만 이 두 종을 가장 뚜렷하게 구별 짓는 것은 홍어를 발효시킬 때 나오는 특유의 암모니아 냄새다.

귀鬼
홍鮏

| 노랑가오리 |

노랑가오리는 꼬리 가시에 강한 독이 있어 위험한 어류로 분류한다. 담정은 노랑가오리가 가진 날카로운 가시와 독을 경계하고자 독이 있어 먹을 수 없다고 설명한 것으로 보인다.

鬼䱋 一名假䱋 酷似䱋魚 色黃 大者可全車 然有腥臭
且有毒不可食

귀홍(鬼䱋), 즉 노랑가오리는 일명 '가홍(假䱋)', 즉 가짜 홍어인데 홍어와 비슷하다. 색은 황색이며 큰 것은 수레 전체에 실을 수 있다. 그러나 비릿한 냄새가 나고 또 독이 있어 먹을 수 없다.

· ·

    어보에 등장하는 귀홍(鬼䱋)은 노랑가오리이다. 노랑가오리는 우리나라 서남해안에 분포하는 종으로 몸길이가 1미터에 달한다. 체색은 노란빛이나 붉은색을 띤다. 영미권에서도 색깔을 뜻하는 의미를 붙여 'Red sting ray'라 한다.

    노랑가오리는 위협을 느끼면 등지느러미가 퇴화하여 변한 꼬리 가시를 들어 올려 상대를 찌른다. 날카로운 가시는 살갗을 뚫고 들어가 독물을 주입한다. 가시에 찔리면 참을 수 없는 통증이 밀려오며 심한 경우 죽음에 이를 수 있다. 조선후기 실학자 이익

(李瀷, 1681~1763)의 『성호사설(星湖僿說)』에는 "가오리 꼬리 끝에 독기가 심한 가시가 있어 사람을 쏘며, 그 꼬리를 잘라 나무뿌리에 꽂아두면 시들지 않는 나무가 없다"라고 했다. 이 역시 노랑가오리에 대한 묘사로 보인다. 담정은 노랑가오리가 가진 날카로운 가시를 경계하고자 독이 있어 먹을 수 없다고 설명한 것으로 보인다.

도 鮵
골 鰡

| 어린 황어 |

황어는 강에서 태어나 바다에서 일생을 보내다가 성체가 되면 산란을 위해 강을 거슬러 오른다. 담정이 관찰한 것은 성체가 되기 전 어린 황어가 아니었을까.

鮵鱛骨魚 形似鯔魚而小 不過五六寸 渾身皆骨
無一點肉 鱗皮紫黑 如場市所賣石肝陶甋
但腹中有腸 腸中有血 如馬蝗蜞 故名鮵鱛
鮵者陶也 土人謂之都骨亦通 康熙間一漁父捉石首往海曲
不得石首 只得都骨數百枚 棄之而歸 秋又捉呑魚往海曲
又不得呑魚 只得都骨 如前將棄之 有一行脚僧見之
以百錢買之 去皮腸 只以骨負去 漁父怪而問之
僧言醋淬燒灰 存性糝 小兒牙疳神效 且療人牙齒宣蛀百病云
是後漁父捕呑魚時 往往得之 如法治疳 甚妙云
余以意推之 是骨能療牙病 則其腸血和人乳 調鹽少許
適人眼病 似有效 而未得試之爾 有一種 名紅都骨
又有一種 名白都骨 以其骨色 有青白紅三者 故名

도골(鮵鱛)은 골어(骨魚), 즉 뼈고기이다. 모양은 숭어와 비슷하나 매우 작아서 5~6촌(寸)에 불과하다. 온몸이 뼈로 이루어져 있고 한 점의 살도 없다. 비늘로 덮인 껍질은 자색과 흑색으로, 시장에서 파는 석간주(石間硃)* 도자기와 같다. 다만 배 속에 창자가 있고, 창자 속에 피가 있을 뿐이므로 말거머리 같다. 그래서 '도골(䱋䱋)'이라고 한다. '도(䱋)'는 질그릇, 즉 '도자기(陶)'이다. 또 이곳 사람들은 질그릇을 '도골(䱋䱋)'이라고 하니 역시 그 의미가 서로 통한다.

강희(康熙)** 연간에 한 어부가 조기를 잡으러 바닷가로 갔다가, 조기는 잡지 못하고 도골 수백 마리만 잡아서 그것을 버리고 돌아왔다. 가을에는 대구를 잡으러 바다로 갔다가 또한 대구는 잡지 못하고 도골만 잡았다. 이전처럼 도골을 버리려는데 한 행각승***이 백 전에 그것을 샀다. 그러고는 껍질과 내장은 모두 버리고 뼈만 짊어지고 갔다. 어부가 괴이하게 여겨 이유를 물었다. 행각승은 "도골 뼈를 식초에 담갔다가 재에 그을리면 죽처럼 끈끈해지는데, 이것이 아이들의 아감(牙疳), 즉 잇몸병 치료에 신통한 효과가 있고, 또한 사람들의 어금니와 이빨을 치료하고 온갖 다른 질병을 낫게 한다"고 했다. 이후부터 어부는 대구를 잡을 때에 간혹 도골을 잡으면, 그 방법대로 병을 치료하여 매우 신묘한 효험을 보았다고 한다. 추측하건대 도골의 뼈가 치아의 병을 낫게 할 수 있다면, 그 창자와 피를 사람 젖에 섞고 소금을 조금 쳐서 눈병에 바르면 효험이 있을 것 같다. 그러나 아직 그

---

* 붉은 산화철(酸化鐵)이 많이 들어 있어 색깔이 붉은 흙이다. 석회암(石灰巖)·혈암(頁巖) 등이 분해된 곳에 많이 있다. 산수화(山水畫)나 도자기(陶瓷器)를 만들 때에 사용한다.

** 청나라(淸) 성조 때의 연호(1662~1722년).

*** 여러 곳을 돌아다니며 수행하는 승려.

것을 시험해보지는 않았다.

또 '홍도골(紅鮈鯛)'과 '백도골(白鮈鯛)'이라는 근연종이 있다. 도골 뼈의 색깔이 청색, 백색, 홍색, 세 가지가 있어서 이렇게 부르는 것이다.

·· ··

어보에 등장하는 도골(鮈鯛)이 어떤 고기를 이야기하는지에 대해 명확하지 않다. 혹자는 '附, 骨, 疽'의 현대 고유어는 '무, 뮈, 미' 등으로 '骨'과 같은 뜻으로 '미'가 쓰임을 증명한 바 있는데 이를 근거로 '鮈鯛', 즉 '都骨'은 '도미'일 가능성이 높다고 했다. 하지만 담정이 이야기하는 도골의 특징은 도미와는 맞지 않다.

경남 통영시 사량도에서 50년간 해녀생활을 한 김순례 씨는 도골에 대한 이야기를 듣고 '잔갱이(등가시치)'라 했다. 등가시치는 농어목 등가시칫과에 속하는 어류로, 등지느러미 앞쪽에 검은 점이 1개 있다. 등은 어두운 갈색, 배 쪽은 밝은 갈색이며 체측 중앙을 따라 윤곽이 불분명한 10여 개의 흑갈색 구름무늬가 있다. 주로 저층 트롤어업에 의해 부수어획 되는데 진해를 중심으로 한 남해안이 주산지이다. 그런데 등가시치는 메기를 닮아, 담정이 '숭어를 닮았다'고 기술한 것과는 차이가 있다.

그럼 숭어를 닮았고, 어부들이 잡으면 버렸을 만큼 맛이 없고, 뼈가 많은 어류는 무엇일까? 오랜 고민 끝에 가장 근접한 종이 황어의 새끼인 '밀황어'라는 생각에 이르렀다. 황어는 잉어목 잉엇과의 물고기로, 잉엇과 어종 중에서 유일한 2차 담수어이다. 강에서 태어난 뒤 바다에서 일생을 보내다가 연어처럼 강으로 돌아와서 산란을 한다. 황어의 성체는 크기가 40센티미터나 되지만 그 새끼인 밀황어는 담정의 묘사처럼 작다. 또한 황어 자체가 살이 무르고 잔뼈가 많아 식용으로 그다지 귀하게 대접받지 못하여 당시 어부들이 이를 잡으면 버렸을 수 있다. 또한 황어는 성숙하여 산란기가 되면 체측에 검은색과 붉은색 띠가 나타나며 지느러미도 아름다운 주홍색을 띠지만, 미성숙 단계에서는 등 쪽은 약간 검푸른 빛을 띠고 체측이나 배 쪽은 옅은 황색을 가진 은색이 된다. 이러한 체색을 담정이 "석간주 도자기 같다"고 본 것은 아닐까?

<牛山雜曲>

杉船移繫橘籬南
暗聽巴陵賈客談
都骨今秋都不得
醫生無計療牙疳

<우산잡곡>

굴 울타리에 남쪽에 삼나무 배 옮겨 매고
가만히 파릉(巴陵)* 장사꾼 얘기 들으니
올 가을엔 도골이 도무지 안 잡히니
의원들 치통 치료는 어렵게 되었네.

---

* 중국 호남성 악양의 옛 지명인데, 우리나라 경상남도 함안군의 별칭이기도 하다.

윤양어 閏良魚

| 베도라치 |

베도라치는 망둑어와 함께
흔하게 발견되는 어류이다.

閏良魚盲魚也 狀似銀魚而無目 有大毒 食之令人燥渴發狂
銀魚木魚也 土人謂之尹娘魚 言古有尹娘者 夫死守節
父母欲奪其志 娘燒水銀熏眼 兩目皆盲 父母愈欲嫁之
娘不勝悲痛 赴海死之 化而爲魚云 語甚蕪誕 余見其魚
驟看無目 細察則鼻梁兩傍通小窺 有物如雄雀糞 下體細黑
上頭圓白 數數跳動 是必體魚 而眼蟹者 且漁子言
此魚有閏月之歲 甚肥大云 然則其名閏良 無疑言得閏月而良也

윤양어(閏良魚)는 눈먼 고기이다. 생김은 은어(銀魚)와 비슷한데 눈이 없고 큰 독이 있다. 이것을 먹는 사람들은 조갈증이 일어나 발광하게 된다. 은어는 목어(木魚)이다. 이곳 사람들은 '윤양어(閏良魚)'를 '윤랑어(閏娘魚)'라고 부른다. 이들이 말하기를 "옛날에 윤랑(尹娘)이라는 사람이 있었는데, 남편이 죽자 수절을 했다. 부모가 개가를 시키려 하자 수은을 태운 연기를 눈에 쐬어 스스로 눈을 모두 멀게 했다. 그런데도 부모가 계속 시집보내려고 하니 비통한 마음을 견딜 수 없어 바다로 들어가 죽었다. 그녀가 변해서 '윤랑어(閏娘魚)'가 되었다"라고 한다. 이러한 말은 매우 황당하다. 내가 살펴보니, 언뜻 보면 눈이 없는 것 같지만 자세히 관찰해보면 코뼈 양 옆에 작은 구멍이 뚫려 있는데 마치 수컷 참새의 똥과 같다. 아래쪽 몸체는 가늘고 흑색이며, 위의 머리 쪽은 둥글고 희다. 펄쩍펄쩍 뛰면서 움직인다. 이것은 필시 몸은 물고기인데 눈은 게와 같은 것이다. 또한 어부들의 말로는 "이 물고기는 윤달이 드는 해에 통통하게 살이 찌고 크게 자란다"고 한다. 그렇다면 윤양(閏良)이라는 이름은 '윤달에 살이 찐다'는 말에서 온 것이 확실하다.

∴

담정이 관찰한 윤양어(閏良魚)가 어떤 물고기인지 확실하지 않다. 담정은 사람들이 윤양어를 눈먼 물고기라고 하지만 자세히 살펴보니 코뼈 양옆에 마치 수컷 참새의 똥과 같은 작은 눈이 있다고 했다. 그리고 아래쪽 몸체는 가늘고 흑색이며, 머리 쪽은 둥글고 흰색인데 펄쩍펄쩍 뛰면서 움직인다고 했다. 이에 더하여 물에 빠져 죽은 여인의 화신이라는 민담을 보면 윤양어가 그렇게 큰 물고기는 아닌 것으로 보인다.

이런 단서들을 종합하면 윤양어(閏良魚)는 베도라치가 아닐까 생각한다. 베도라치는 흔한 물고기이다. 이들을 흔하게 만든 것은 비슷한 환경에 적응한 물고기들에게 모두 베도라치라는 이름을 붙인 탓도 있다. 베도라치라 불리는 물고기들은 황줄베도라칫과에 속하는 베도라치, 흰베도라치, 점베도라치, 오색베도라치뿐 아니라 장갱잇과에 속하는 그물베도라치, 황점베도라치, 민그물베도라치, 장어베도라치, 벼슬베도라치, 송곳니베도라치, 큰 줄베도라치, 세줄베도라치, 민베도라치, 우베도라치, 등지느러미가 3개인 먹도라칫과의 가막베도라치, 청베도라칫과에 속하는 400여 종의 베도라치, 비늘베도라칫과의 비늘베도라치 등을 모두 포함한다. 이 중 황줄베도라칫과에 속하는 베도라치가 이들의 대표 격이다.

<牛山雜曲>
桃花淨盡楝花初*
海賈裝船發夏漁
穉女牽衣勤囑付
今行莫打尹娘魚

<우산잡곡>

복사꽃 스러지고 멀구슬나무꽃 피기 시작하니
어부들 배를 손질하고 여름 조업 나가네.
어린 처녀 옷자락 잡고 간절히 이르는 말
이번에 나가거든 윤랑어(閏娘魚)는 잡지 마세요.

---

* 연화(楝花): 멀구슬나무꽃. 24가지 꽃소식을 전해주는 바람은 매화(梅花)에서 시작해 연화(楝花)에서 끝이 난다. 이 중 곡우 절기에 부는 마지막 봄바람이 연화풍(楝花風)이다. 원문에는 '동화(棟花)'로 적혀 있는데, 연화(楝花)를 잘못 쓴 것으로 보인다.

호사 鯱鯢

| 문어 |

야행성인 문어는 밤이 이슥해지면 얕은 수심으로 올라와 바닥면을 기어 다니곤 한다. 이러한 문어의 둥그스름한 몸통이 중의 머리를 닮았다. 정분난 마을 처녀를 찾아 기어 다니는 파계승의 행태를 빗대고자 호사(鯱鯢)라는 대상을 등장시킨 것으로 보인다.

鰞魖 二十四梢魚也 形半折 似大小八梢魚 大八梢者
俗名文魚 小八梢者 俗名絡蹄是也 此魚凡二十四脚
左右各十有二枚 脚各有黏蹄二十四點 點前後皆內向
頭在中央 眼在頭中央兩邊 行則如八梢魚 坐則如巨蟹
立而舉頭則如白衲老僧 低頭則如田家打稻高足平床
土人謂之高蹄 或曰高足魚 味似文魚 漁子言此
魚 月明時 必出水遊行裵回 沙際石田筤林蓼叢
宛然是 衲子貌樣 見人則驚走 其行霅還 以杖扚之 不仆
以絆牛索掃地 橫撒索攔脚下際 不能立定蹟地 其聲如崩屋云
土人捕八梢魚者 夜深持松明火 遵海隩至水淺 石多處照之
則魚皆坐水底石上而眠 土人言鰞魖 似佛文語 似僧絡蹄 似闍梨
語極好笑 以銕叉刺而獲之 故捕八梢魚者 有時而得
鮮食或胞或胲皆佳云 有一種 名單鰞魖 左右皆八足 合十六梢
又有一種名雙頭絡蹄 左右皆四脚而頭居中 小如絡蹄 又有一種名
六脚文魚 似文魚而六梢 又有一種名胞高蹄頭 似鰞魖 而脚
短一寸 皆藏頭皮底 其行如覆椀蝡動云 皆八梢魚之類
而要之 幷是水虫 與魚族自別

호사(鰞魖)는 다리가 24개 달린 물고기이다. 그 형상으로 반을 접으면 '대팔초어(大八梢魚)'나 '소팔초어(小八梢魚)'와 비슷하다. 대팔초어는 속명이 '문어(文魚)'이며, 소팔초어는 속명이 '낙제(絡蹄)'이다. 24개의 다리는 좌우 각각 12개씩이다. 각 다리에는 끈끈한 빨판(點)이 24개 있다. 점(點), 즉 빨판의 앞뒤는 모두 안쪽으로 향한다. 머리는 중앙에 있으며, 눈은 머리 중앙부의 양옆에 있는데 앞으로 나아가면 문어와 같고 가만히 앉아 있으면 큰 게와 같다. 일어서서 머리를 들어 올리면 마치 흰 승복을 입은 늙은 중 같으며, 선 채로 머리를 숙이면 농가에서 벼를 타작할 때 벼를 때려서 터는 다리 높은 평상과 같다. 이곳 사람들은 이 물고기를 '고제(高蹄)'라고 한다. 어떤 사람들은 '고족어(高足魚)'라고도 부른다. 맛은 문어와 비슷하다.

어부들의 말로는 "이 물고기는 달이 밝을 때 반드시 물 밖으로 나와 놀러 다니는데 모래펄 언저리나 돌밭의 갈대숲이나 여뀌 무더기 사이를 배회하는 모습이 마치 승복을 입은 중 같다. 사람들을 보면 놀라서 달아나는데 번개같이 빨라서 쫓기 힘들다. 몽둥이로 긁어서 걸어도 넘어지지 않지만 소를 묶는 새끼줄로 땅을 쓸 듯이 옆으로 새끼줄을 던져 다리 아래를 묶으면 제대로 서 있을 수가 없어 넘어지는데, 그 소리가 마치 집이 무너지는 것 같다"라고 한다.

이곳 사람들은 팔초어를 잡을 때 깊은 밤 소나무 횃불을 잡고 바다 안쪽을 따라 물이 얕고 돌이 많은 곳을 비추면 물 밑 돌 위에 앉아 잠을 자고 있다고 한다. 이곳 사람들은 "호사(鱵鰦)는 부처 같고, 문어(文魚)는 중 같고 낙지는 사리(闍梨)* 같다"고 하니, 그 말이 매우 재미있고 우습다. 이것은 쇠

---

* 사리(闍梨)는 범어(梵語) '아사리(阿闍梨)'의 준말로 '고승(高僧)'을 말하거나, 성이나 이름 밑에 붙어 가벼운 존칭으로 쓰이는 '-씨(氏)' 정도의 의미를 가지기도 한다. 담정이 낙지를 사리와 같다고 한 것은 문맥상 점강법으로 가벼운 존칭을 의미하는 것으로 보인다.

갈고리로 찔러서 잡는다. 팔초어를 잡는 사람은 때때로 날것으로 먹을 수도 있고, 혹은 삶은 후 포를 떠서 먹을 수도 있고, 말린 포를 먹을 수도 있는데 모두 맛이 좋다고 한다.

'단호사(單鰝鯊)'라는 근연종이 있다. 좌우 각각 발이 8개로 모두 16개이다. 또 '쌍두낙제(雙頭絡蹄)'라는 근연종도 있다. 좌우에 다리가 4개이고 머리는 가운데에 있는데, 그 크기가 낙지만 하다. '육각문어(六脚文魚)'라는 근연종도 있다. 문어와 비슷한데 다리가 6개이다. 또 '포고제(胞高蹄)'라는 근연종도 있다. 호사(鰝鯊)와 비슷하나, 다리가 1촌(寸) 정도로 짧다. 몸 전체를 머리의 껍질 속에 숨기고 있어서, 걷는 모양이 마치 엎어진 사발이 꿈틀대는 것과 같다고 한다. 이 모든 것이 팔초어의 종류인데 요컨대 이들은 모두 수충(水蟲)**이니, 어족과는 구별된다.

· ·

어보에 등장하는 호사(鰝鯊)에서 '호(鰝)'는 왕새우를 뜻하는 한자어로, 대상 동물의 크기가 크다는 뜻을 내포하며, '사(鯊)'는 신비스러운 동물로 범을 나타낸다. 담정은 호사(鰝鯊)는 다리가 24개이고 문어를 지칭하는 대팔초어(大八梢魚)나 낙지를 지칭하는 소팔초어(小八梢魚)를 닮았다고 했다. 그런데 문어나 낙지

** 담정은 물고기만을 어류로 보고, 오징어나 게, 조개류 등은 '수충(水蟲)'이라는 부류를 설정하여 따로 분류하였다. 이때 '수충'은 바다에 살고는 있지만, 정확히 어류로 보기는 곤란한 수산동물들을 따로 분류한 개념이다.

는 다리가 8개이다. 문맥을 살피면 담정이 직접 보고 관찰한 것이 아니라 어민들로부터 전해 들은 이야기를 기록했음을 알 수 있다. 호사(鰝鱫)는 문어나 낙지처럼 다리가 많은 동물인 것으로 추정된다.

담정은 "호사(鰝鱫)는 앞으로 나아가면 문어와 같고 앉아 있으면 큰 게와 같다. 일어서서 머리를 들면 흰 승복을 입은 늙은 중과 같으며, 머리를 숙이면 농가에서 벼를 타작하는 다리가 높은 평상(平床)과 같다"고 했다. 담정의 묘사와 생태적으로 가장 근접하는 종은 극피동물에 속하는 '문어다리불가사리'*이다. 하지만 담정이 이야기하고자 한 호사(鰝鱫)는 당시 구설에 올랐을 파계승의 행각을 빗대어 해학적으로 풀어내기 위한 대상인 것으로 보인다. 당시 마을 처녀와 정분이 난 파계승이 밤이 되면 모래펄 언저리, 돌밭 갈대숲, 여뀌 무더기 사이를 기어와 몰래 처녀를 만나곤 했을 것이다. 바닥에 엎드려 몰래 기어 다니는 파계승의 민둥머리가 문어 몸통을 닮았음이 그려진다. 이 파계승이 문어를 잡기 위해 횃불을 들고 나선 주민들에게 발각되고, 주민들의 호

---

* 문어다리불가사리는 초보 스쿠버다이버들이 바다 속에서 문어로 착각하는 종으로 우리나라 독도와 울릉도를 포함한 동해 및 남해 동부 일부 연안에 분포한다. 주로 암반 조하대 또는 진흙자갈 바닥에서 간혹 발견되는데, 팔을 포함한 몸통길이가 40센티미터 전후인 대형 불가사리류이다. 『한국해양무척추동물도감』에는 완(腕, 팔)이 30개 전후로 기록되어 있지만 개체에 따라서는 20개 전후인 종도 발견된다. '문어다리불가사리'는 비교적 큰 몸집에도 불구하고 다소 빠르게 움직이며 다리에는 점액질이 분비되어 미끈하다.

통에 쫓기다 새끼줄에 묶여 잡히지 않았을까. 담정은 마을 사람을 피해 황급하게 도망가던 호사(鰗鱬)가 잡혀 넘어지는 소리가 집이 무너지는 소리와 같다고 했다. 파계승의 종말을 의미한다.

담정은 또한 '단호사', '포고제', '쌍두낙제', '육각문어' 등을 기록했는데, 정확하게 어떤 종인지 불분명하다. 아마도 문어, 낙지와 닮은 종에 대해 마을사람들에게서 전해 들은 이야기대로 기록한 것으로 보인다. 담정은 이들을 어족과 구별하여 '수충(水蟲)'으로 분류했다.

| 문어다리불가사리 |

호사(鰗鱬)에 대한 담정의 묘사, 즉 24개의 다리를 가진 동물에 가장 근접하는 종은 문어다리불가사리이다.

| 문어 |

바다에서 용치놀래기와 마주친 문어가 당황한 모습이다. 횃불을 들고 문어 잡이에 나선 마을 사람들에게 발각된 파계승도 퍽이나 놀랐을 것이다.

<牛山雜曲>

夜靜谷沈月色美
鱸蹄弄影鬧苔磯
村丫錯認情僧到
忙下空床啓竹扉

<우산잡곡>

밤 깊어 물속에 달빛 잠기고
호제는 이끼 돌에서 달그림자 희롱하고
시골 처녀 정분난 중이 온 줄 알고
황급히 마루 내려가 사립문 열어 보네.

안반어 安鰩魚

| 갯벌 |

경남 남해군 삼동면 금송리 갯벌을 찾은
어린이들이 갯벌생물을 채집하고 있다.

19세기 초 담정은 무엇을 보았나? · 155

安鱸魚小魚長寸許 在浦㳜泥沙中 土人謂之安鱸言安水澄洄處也
或謂之鴈飯 每秋後水鳥鳧鷖鴈鵁 鷗鷺之屬 來萃浦滸拾食 故名鴈飯
此魚腹中多沙 不堪喫

안반어(安鱸魚)는 길이가 1촌(寸) 정도인 작은 고기이다. 갯가 여울의 진흙이나 모래 속에 산다. 이곳 사람들은 '안반(安鱸)'이라고 부르는데, 잔잔한 물굽이가 빙 돌아가는 곳을 말하는 것이다. 혹은 '안반(鴈飯)', 즉 기러기 밥이라고 한다. 매년 늦가을에 물새, 물오리, 갈매기, 기러기, 해오라기 등의 무리가 물가에 모여서 안반어를 잡아먹기 때문에 '안반(鴈飯)'이라고 부르는 것이다. 이 안반어는 배 속에 모래가 많아서 먹기에 좋지 않다.

• •

담정은 안반을 두 가지로 설명했다. 하나는 '안반(安鱸)'으로 '물이 돌아가는 곳'이라는 장소적 의미이다. 담정은 깊은 바다 속보다 기수역의 얕은 바다를 안정적으로 보고 이곳에 작은 물고기들이 편안하게 머문다고 생각했다. 담정이 말한 장소는 민물과 바닷물이 만나는 곳 또는 갯벌을 가리키는 것으로 보인다.

또 다른 하나는 '안반(鴈飯)'으로 기러기 등 물새들의 먹이가 되는 작은 어류를 의미한다. 기러기 등 물새들이 갯벌에 무리지어 내려앉아 먹이활동을 하는 것을 관찰한 담정이 '안반(安鱍)'에 머무는 작은 물고기들을 기러기 밥이라 생각해서 '안반(鴈飯)'으로 풀이한 것으로 보인다. 결국 어보에 등장하는 안반어는 어떤 특별한 종을 지칭하는 것이 아니라 '철새들의 먹이가 되는 작은 물고기'를 통칭하는 것으로 보는 것이 맞다.

갯벌에 사는 작은 어류의 대표 종은 망둑어이다. 우리 바다에 살고 있는 망둑어는 대략 50여 종 정도이다. 이들 중 말뚝망둑어, 짱뚱어, 모치망둑, 풀망둑, 날개망둑, 얼룩망둑, 흰발망둑, 왜풀망둑, 숨이망둑 등이 갯벌에서 살아간다. 이들 작은 어류들이 모두 안반어(安鱍魚)의 주인공들이라 보면 된다.

어보에서 담정은 '갯가 여울의 진흙이나 모래 속', 즉 갯벌의 풍요로움을 은연중에 이야기한다. 갯벌은 밀물 때는 물에 잠겼다가 썰물 때 바닷물이 빠져나가면서 드러나는 넓고 평평한 땅을 말한다. 주로 경사가 완만하고 밀물과 썰물의 차이가 큰 해안에 오랫동안 퇴적물이 쌓이면서 만들어진다. 그 형상에 따라 퇴적물이 펄로 된 곳은 '펄 갯벌', 모래로 된 곳은 '모래 갯벌' 그리고 펄과 모래, 작은 돌 등이 섞여 있는 곳은 '혼합 갯벌'이라 한다. 펄 갯벌은 물살이 느린 바닷가나 강 하구의 후미진 곳에 발달하며,

찰흙처럼 매우 고운 펄로 이루어져 발은 물론 허벅지까지 푹푹 빠지기도 한다. 모래 갯벌은 모래가 대부분이다. 물살이 빨라서 굵은 모래도 운반할 수 있는 바닷가에서 주로 나타난다. 혼합 갯벌은 펄 갯벌과 모래 갯벌 사이에 펄과 모래, 작은 돌 등 여러 크기의 퇴적물이 섞여 있는 곳을 말한다.

갯벌에 대한 인식이 부족했던 시절, 사람들은 갯벌을 황무지로 여겨서 매립 준설을 통해 용지를 변경하기도 했다. 하지만 갯벌의 순기능이 알려지면서 갯벌의 역할과 보존에 주목하게 되었다. 갯벌의 순기능은 다음과 같다.

첫째, 갯벌은 자연이 만든 최고의 정화조이다. 2006년 기준 국내 하수종말처리장의 1일 평균 COD 제거량은 약 20톤이다. 이는 약 5제곱킬로미터의 갯벌이 유기물을 제거하는 수준에 불과하다. 바다로 흘러들어가는 물이 갯벌을 지나면서 걸러지고, 수많은 갯벌생물들이 유기물들을 분해한다. 이들의 먹이활동으로 유기물이 줄어들고 갯벌은 자연스레 정화된다.

둘째, 갯벌은 우리에게 식량자원을 제공하는 공간이다. 갯벌에 살고 있는 수백 종의 생물 대부분이 예로부터 식용으로 이용되고 있다.

셋째, 갯벌은 어류의 산란장이다. 갯벌은 비교적 수심이 얕고 큰 파도가 없는 안정된 환경이기에 어류들이 알과 새끼를 낳고 성장시킬 수 있는 좋은 환경이 된다.

넷째, 갯벌은 철새들의 에너지 충전소이다. 장거리 여행에 지친 철새들은 갯벌에 머물면서 영양분을 비축한다.

다섯째, 갯벌은 염생식물들의 터전이다. 갯벌에는 다양한 종의 염생식물들이 군락을 이루어 살고 있다. 이들은 광합성을 통해 영양물질과 산소를 방출하기에 지구적인 차원에서 볼 때 중요한 산소공급원이 된다.

마지막으로 갯벌은 자연재해의 완충지이다. 태풍이나 해일이 갯벌을 만나면서 세력은 급격히 약화된다. 갯벌이 해양재해의 힘을 흡수해 완충지대의 역할을 하는 것이다.

| 기러기 |

가을이 되면 겨울철새들이 우리나라 갯벌과 염습지 등을 찾는다. 담정은 잔잔한 물굽이가 돌아가는 곳에 살며 기러기 밥이 되는 작은 물고기들이 '안반어(鴈飯魚)'라고 불린다고 했다.

<牛山雜曲>

芙蓉銷落早霜催
雁帝秋巡海國廻
鶴子鳧奴頭陳罷
飯魚齊奉進供來

<우산잡곡>

이른 서리 내려 연꽃 스러지고
큰 기러기 가을되어 바닷가로 날아왔네.
학과 물오리들 대열 흩고 내리는 곳에
안반어들 가지런히 나와 먹이가 되네.

가달마지 可達鱸魰

| 농어 |

어보에 등장하는 가달마지는 농어 새끼를 이르는 까지매기의 음차인 것으로 보인다.

可達鯏鮫 巨口細鱗 似鱸魚而極小 土人以爲鱸魚子
然眼微突 味有泥氣 知非鱸魚子

가달마지(可達鯏鮫)는 입이 크고 비늘이 가늘다. 농어와 비슷하지만 아주 작다. 이곳 사람들은 '농어 새끼'라 여긴다. 그러나 눈이 조금 튀어나왔고 흙냄새가 나니, 농어 새끼는 아님을 알 수 있다.

담정은 이곳 사람들이 가달마지를 농어 새끼라고 하지만 눈이 조금 튀어나왔고 흙냄새가 나는 것으로 보아 농어새끼는 아니라고 했다. 그러나 담정은 어류학자가 아닐 뿐 아니라 『우해이어보』가 전문적으로 어류의 생태를 관찰한 기록이 아니었던 점을 감안하면, 성장함에 따라 다른 이름이 붙여지는 '출세어(出世

魚)*'에 대한 인식이 다소 부족했을 수 있다.

경상도 방언으로 어린 농어를 '까지매기'라 한다. 크기 20센티미터 정도인 새끼일 때 몸통 위쪽으로 작고 검은 점이 흩어져 있어 까맣다는 의미를 붙였다. 서유구의 『임원경제지(林園經濟志)』에 따르면 농어는 농에, 능에, 깡다구로도 불리고 새끼는 까지매기, 까슬매기라고 하며, 옆구리에 점이 있는 작은 농어는 껄떠기, 깔따구, 절떡이, 걸덕어, 보로어라 한다. 그러므로 어보에 등장하는 가달마지는 농어 새끼를 이르는 까지매기의 음차인 것으로 보인다.

담정이 말한 흙냄새가 나는 까닭은, 어릴 때 기수역에서 살다가 성장하면서 깊은 바다로 옮겨가는 농어의 생태 때문이다. 기수역에서 사는 어린 농어가 진흙바닥을 뒤지며 먹이활동을 하기에 몸에서 흙냄새가 나는 것이다. 그래서 농어는 성장할수록 흙냄새가 사라지고 맛이 좋다.

---

* 대표적인 출세어(出世魚)로는 숭어를 들 수 있다. 서남해 해안가에서는 작은 것을 '눈부럽떼기'라고 부른다. 크기가 작다고 무시해서 "너도 숭어냐" 했더니 성이 난 녀석이 눈에 힘을 주고 부릅떠서 붙은 이름이다. 한강 하류지방 사람들은 7월 숭어를 '게걸숭어'라 불렀다. 이는 산란 직후 펄 밭에서 게걸스럽게 먹이를 먹는 모습에서 비롯되었다. 이외에도 6센티미터 정도의 작은 것을 '모치'라 하고, 8센티미터 정도면 '동어'라 한다. 크기가 커짐에 따라 글거지, 애정이, 무근정어, 무근사슬, 미패, 미렁이, 덜미, 나무래미 등으로 불리며 그 외에도 걸치기, 객얼숭어, 나무래기, 댕기리, 덜미, 뚝다리, 모그래기, 모대미, 모쟁이, 수치, 숭애, 애사슬, 애정어, 언지 등의 이름이 있다.

영 鱂
수 鯌

| 산천어 |

매년 겨울 강원도 평창군에서는 송어축제가, 화천군에서는 산천어축제가 열려 지역의 대표 축제로 자리매김하고 있다. 사진은 산천어축제장을 찾은 관광객들이 얼음낚시를 즐기는 모습이다.

鱸鯞酷似鯔魚 但鯔魚色微黑 鱸鯞色微黃
鯔魚善躍 鱸鯞不能善躍
味似鯔魚 東人以鯔魚爲秀魚 鱸鯞之名 其以是歟 有一種名山林鱸鯞
或曰山林領袖 領袖聲之變也 然山林之義 未知何謂 曾見寧城江水
亦有此魚 謂之林鱸鯞 此魚在近海谿磵 雖生海中 然性喜淡水
以此謂之山林歟 味絶佳 與湖西永春丹陽江水 所産錦鱗魚相似
爲海味中第一品

영수(鱸鯞)는 치어(鯔魚), 즉 숭어와 매우 닮았다. 다만 숭어의 몸 색은 옅은 흑색인데, 영수는 옅은 황색이다. 그리고 숭어는 잘 뛰어오르지만 영수는 잘 뛰어오르지 못한다. 그러나 고기 맛은 숭어와 비슷하다. 우리나라 사람들은 숭어를 '수어(秀魚)'라고 한다. 아마도 '영수(鱸鯞)'라는 이름은 이것 때문에 붙여진 것 같다.

'산림영수(山林鱸鯞)'라는 근연종이 있는데, '산림영수(山林領袖)'*라고도 한다. '영수(領袖)'는 '영수(鱸鯞)'가 변한 것이다. 그러나 '산림(山林)'이라

---

* 여기서는 어종의 이름으로 쓰였지만, 본래 의미는 숨어 사는 선비의 우두머리(領袖)라는 뜻이다.

는 것은 무엇을 말하는지 모르겠다. 내가 일찍이 영성강*에도 '산림영수(山林領袖)'가 있는 것을 보았는데, 사람들은 산림영수(山林領袖)를 '임영수(林鱸鯠)'라 불렀다. 이 산림영수는 바다와 가까운 계곡 개울에 살고 있다. 비록 바다 속에서 살기는 하지만, 본성이 민물을 좋아해서 '산림(山林)'이라고 부른 것은 아닐까? 맛이 매우 좋아서 호서(湖西)지방 영춘(永春)** 단양강***에서 나오는 금린어(錦鱗魚)****와 서로 비슷하니 바다의 진미 중에서 으뜸이다.

∙ ∙

어보에 등장하는 영수(鱸鯠)를 두고 학자들 사이에 쏘가리 또는 가숭어라는 주장이 제기되었다. 먼저 쏘가리는 민물어류이기에 『우해이어보』의 공간적 배경과 맞지 않다. 가숭어라고 본 학자들은 "숭어와 비슷하고 색깔이 약간 노랗다"는 기록을 근거로 든다. 하지만 가숭어는 눈이 노란색이고 기름 눈가풀이 없어 숭

---

* 　섬진강의 지류로 전북 남원에 속했던 영성을 흐르는 강이다.

** 　지금의 단양군 영춘면이다.

*** 충북 단양에 있는 남한강의 지류이다.

**** 쏘가리, 쏘가리는 농엇과에 속하는 물고기로, 몸이 길고 옆으로 납작하다.

어와 구분되지, 담정이 묘사한 것처럼 "몸 색깔이 약간 노랗고, 잘 뛰어오르지 못하는 특성"으로 구분하지는 않는다. 또한 대개의 사람들은 숭어와 가숭어를 구태여 구별하지 않고 통칭해 숭어라 부른다. 당시에도 그러했을 것이다.

여럿 중에 우두머리라는 의미로 '영수(領袖)'로 대접했고 근연종은 산속 계곡 개울에 산다 하여 '산림영수(山林領袖)'라 이름 지은 것으로 볼 때 '영수(鱸鯏)'는 송어로, '산림영수(山林領袖)'는 산천어로 보는 것이 맞다. 송어는 연어과에 속하는 소하성***** 어종으로, 맛이 뛰어나 귀하게 대접받는다. 『난호어목지』에서는 송어를 두고 "동북 강해(江海) 중에 나며, 모양이 연어와 비슷하나 살이 더 찌고 맛이 있다며, 알의 맛은 극히 진미이고 동해 어류 중 가장 좋은 것"이라 하였다. 담정이 "바다 진미 중에 으뜸이다"라고 극찬한 근거가 된다.

이어서 등장하는 '산림영수(山林領袖)'를 산천어로 보는 데도 이유가 있다. 바다로 나갔다가 산란기에만 돌아오는 송어 중 생활습성이 바뀌어 강에 머물러 사는 어류가 산천어이기 때문이다. 산천어 역시 최고급 식용어로 대접받는다. 『한국민족문화대백과』에 따르면 송어와 산천어는 냉수성 어종으로, 주로 경남 이

***** 어류 생태형의 하나. 번식기에 하천, 호수 등지를 거슬러 올라가서 알을 낳는 형태를 말한다. 연어, 송어, 철갑상어 따위가 이에 해당한다.

북의 동해안에 분포하지만 과거 한류 세력이 강했을 때는 남해안에 있는 하천을 거슬러 오르기도 했다고 한다. 담정은 이에 대해 "산림영수(山林領袖)를 임영수(林鱸鯗)라고 부르는데, 산림(山林)이나 임(林)을 붙인 것은 비록 바다 속에서 살기는 하지만, 본성이 민물을 좋아하기 때문일 것이다"라고 견해를 덧붙였다.

| 산천어 |

송어 중 생활습성이 바뀌어 강에 머물러 사는 어류가 산천어이다. 산천어는 원래 연어나 송어처럼 바다로 나갔다가 강을 거슬러 계곡으로 돌아오는 회유어족이다. 그런데 태어난 곳이 안전하다고 생각되면 바다로 나가지 않는다. 먹이가 많지 않더라도 안전한 곳을 더 좋아하기 때문이다. 산천어는 60센티미터까지 자라는 송어와 달리 몸길이가 그 절반에도 못 미친다. 예로부터 고급 식용어로 이용되었으며 현재는 양식을 하기도 한다.

<牛山雜曲>

日暖風輕浪似羅
山林領袖正婆娑
他時莫向南溟運
咫尺要津總險波

<우산잡곡>

따뜻한 바람에 비단물결 일렁이면
삼림영수 물결 따라 올 때라네.
부디 남쪽 먼 바다로 가지 말아라.
조금만 가도 그 어디나 험한 파도뿐이라네.

진청 眞鯖

| 청어 |

청어는 자원량 변동이 심하다. 과거 우리 바다에서 흔하게 잡히던 청어가 지금은 상당량을 원양 조업에 의존하고 있다. 부산 공동어시장에 하역된 청어들이 출하를 기다리고 있다.

眞鯖鯖魚也 長一尺五寸 味甘輭 炙食絶佳 眞珍品也
東人以海州鯖魚爲第一 漢詩五侯甚豪貴醝 鯖魚
後人以物之貴者爲五侯鯖 先儒釋鯖魚爲炙魚 續本草魚部
有鯖魚即魚名 東醫許浚著醫鑑載之 註言與我國 鯖魚異
余常疑之 今見漁人所捕眞鯖眞鯖魚 而海州所産 酒鯖魚之類而非
鯖魚 如關東北兩湖所捕飛衣鯖魚 尤是假鯖魚 漁人恐有官稅諱之
且此魚捕呑魚時往往得之 非常有者 然則五侯所醝者
酒此魚也歟 非歟

진청(眞鯖)은 청어이다. 길이는 1척(尺) 5촌(寸)이다. 맛은 달고 연하며, 구워 먹으면 아주 맛있으니 정말로 진귀한 어종이다. 우리나라 사람들은 해주(海州)에서 나는 청어를 제일로 생각한다. 한나라 때 다섯 제후(諸侯)*들이 매우 사치스러워서 청어를 즐겨 먹었다고 한다. 그래서 후세 사람들이 귀한 물건을 '오후청(五侯鯖)'이라 빗대어 말했다. 선대 유학자(先

* 오후(五侯)란 한(漢)나라 성제(成帝) 때 왕씨(王氏)의 다섯 제후를 말한다. 이들은 매우 호화로운 생활을 해서 청어를 즐겨 먹었다고 한다.

儒)들은 청어를 자어(炙魚), 즉 굽는 생선이라고 했다. 『속본초강목(續本草綱目)』* <물고기부(魚部)>에 바로 물고기 이름으로 청어가 실려 있다. 또한 우리나라 의원인 허준(許浚)이 지은 『동의보감(東醫寶鑑)』**에도 청어가 실려 있다. 그런데 이 책의 주석에는 "우리나라의 청어와는 다르다"라고 했다. 나는 항상 그것을 궁금해 했는데 지금 어부들이 잡은 진청(眞鯖)을 보니, 이것이 진짜 청어이다. 해주에서 잡히는 것은 청어의 일종이지 청어는 아니다.

또한 관동과 관북, 호서와 호남 지방에서 잡히는 비의청어(飛衣鯖魚)라는 것은 더욱이 가짜 청어가 분명하다. 이곳의 어부들이 관가에서 세금을 매길까 두려워서 청어가 아니라고 숨긴 것이다. 또 청어는 대구가 잡힐 때에 가끔 잡히고, 항상 잡히는 것이 아니다. 그렇다면 한나라 때 다섯 제후가 즐겨 먹었다는 청어는 진짜 청어인 진청어(眞鯖魚)가 맞겠는가, 아니겠는가.

· ·

어보에 등장하는 진청(眞鯖)은 청어를 말한다. 우리나라 사람들은 해주(海州)에서 잡히는 청어를 제일로 치며 이 해주산 청어를 한나라 때 다섯 제후가 즐겼던 청어로 생각했다. 하지만 담정

---

* 『본초강목(續本草綱目)』을 고쳐 다시 편찬한 의서(醫書), 『본초강목』은 명나라 이시진의 저술이다.

** 1613년(광해군 5)에 허준(1546~1615)이 편찬한 의서(醫書)이다. 왕명을 받은 허준은 내의원(內醫院) 의관들과 함께 전염병의 원인과 유행 상황 등을 파악한 후, 역병의 진단 및 치료법, 예방법, 약방(藥方) 등을 정리하여 본서를 편찬하였다. 이 책은 현재도 한방에서 성홍열의 예방 및 치료에 활용되고 있다.

은 『동의보감』에 언급된 "해주에서 나는 청어는 우리나라 청어와 다르다"는 데 주목하며 이를 근거로 우해(牛海) 어부들이 잡아오는 청어가 바로 진짜 청어이고 해주에서 나는 청어는 청어의 일종이지 진짜 청어는 아니라고 결론짓는다. 이에 대한 답은 명나라 말기 이시진이 편찬한 『본초강목』을 통해 찾을 수 있다. "청어는 강과 호수 사이에 사는데 남방에 많다. 북쪽 지방에도 간혹 있다. 계절에 가림 없이 잡는다. 잉어와 비슷한데 등이 순청색이다. 남쪽 사람들은 이것으로 젓갈을 담근다. 옛사람들이 이야기하는 '오후청(五侯鯖)'이 이것이다"라는 부분이다. 즉, 『본초강목』에서는 오후청을 바다에서 나는 청어가 아니라 민물청어라고 했다.

부경대학교 김문기 교수의 『소빙기와 청어: 천·해·인의 관점에서』에서도 중국 한나라 때 다섯 제후가 즐겼다는 청어와 우리가 이르는 청어는 이름만 같을 뿐 그 계통부터 다른 것이라고 했다. 김 교수는 청어는 한자어이지만 우리나라에서는 고려시대 말엽부터 불린 이름이며, 이것이 16세기 중반 이후 전 지구적인 소빙기의 영향으로 한중일 동아시아 삼국으로 서식 환경이 확대되면서 이전부터 부르던 청어라는 이름이 확산된 것이라고 주장한다.

최헌섭-박태성은 『최초의 물고기 이야기』에서 "중국에서는 민물에서 나는 것과 구분하기 위해 해청어(海靑魚), 당시에 새로 나타난 고기라는 의미로 신어(新魚), 조선에서 왔다고 하여 조선어(朝鮮魚)등으로 부르기도 했으며, 일본에서도 이 고기가 우리나라 해역에서 확산된 것임을 알고 청어에 대한 정보를 조선에서 받아들여 그 이름을 고려온(高麗鰮)이라 했다"고 기록했다. 이렇듯 청어는 본질적으로 계통이 다른 종이 있었고, 그런 한편 아류도 많다.

담정은 청어는 대구를 잡을 때 더러 잡히는데 항상 잡히는 것은 아니라고 했다. 청어는 대구와 함께 겨울철에 잡히던 냉수성 어류인데, 해양 환경 변화로 항상 잡히지는 않았을 것이다. 정약전의 『자산어보』는 "건륭 5년(1750년) 이후 10여 년 동안은 풍어였지만, 그 후 뜸해졌다가 임술년(1802년)에 다시 대풍을 맞이했으며, 을축년(1805년) 이후에는 쇠퇴기를 반복했다"고 전한다. 또한 이어서 "이 물고기는 동지 전에 영남 좌도(경상북도)에 나타났다가 남해를 지나 해서로 들어간다"고 기록하고 있다.

이와 같이 청어는 사는 곳을 옮겨 다니며 자원량의 변동이 심하다. 이수광의 『지봉유설』에는 봄철 서남해에서 항상 다산하던 청어가 1570년(선조 3) 이후부터 전혀 산출되지 않는다고 하였다. 유성룡(柳成龍, 1542~1607)은 『징비록(懲毖錄)』*에서 임진왜

---

* 조선 중기의 문신 유성룡이 임진왜란·정유재란을 겪으며 자신의 경험과 사실을 기록한 책이다. 16권 7책 목판본으로 저술은 1604년경, 간행은 유성룡의 외손자 조수익이 1647년에 한 것으로 추정한다. '징비'는 〈시경〉의 "지난 일을 경계하여 후환을 삼간다"라는 구절에서 따온 것이다. 전쟁의 원인과 상황, 군국정무에 관한 문서와 기록, 유성룡 자신이 해결한 정책적 문제, 그 자신의 시절 논평으로 구성되어 있다. 다양한 문서 기록과 필자의 객관적인 기술 및 논평이 수록되어 있어 임진왜란에 대한 사료적 가치가 대단히 높다.

란이 일어나기 직전에 발생했던 기이한 일들을 전하는 가운데, "동해의 물고기가 서해에서 나고, 원래 해주에서 나던 청어가 근 10여 년 동안이나 전혀 나지 않고 요해(遼海)에 이동하여 나니 요동사람이 이를 신어(新魚)라고 일컬었다"고 하였다. 지금은 동해에 출현하는 어종이지만 당시에는 서해가 주산지였음을 알 수 있는 부분이다.

담정은 또한 "관북지방에서 나는 비의청어는 가짜 청어인데 청어를 잡은 어부들이 세금을 두려워해 잡아온 청어를 비의청어라고 속였다"고 했다. 여기에 등장하는 비의청어는 관북지방에서 흔하게 잡히던 정어리를 가리킨다. 아마 당시 청어에 붙는 세금을 내지 않기 위해 어부들이 청어를 잡아놓고는 청어와 닮은 하급어종인 정어리를 잡았다고 신고했을 것이다. 우해지방에서는 정어리를 '증울(蒸鬱)'이라 불렀다면, 관북지방에서는 정어리를 '비의청어'라 불렀음을 알 수 있는 대목이다.

이외에도 청어는 다양한 별칭으로 문헌에 등장한다.『재물보(才物譜)』**에는 별칭을 '누어'라 하였다.『명물기략』***에는 값싸고

** 조선후기 학자 이만영(李晩永)이 1798년에 저술한 유서(類書). 역대 문물제도와 자연과학에 대한 항목이 많고, 각 항목에 대한 해석과 출전이 자세하게 밝혀져 있는 것이 특징이며, 우리나라 역대 제도·문물과 조선 후기 백과전서식의 고증적 학풍을 이해하는 데 도움이 된다.

*** 황필수(黃泌秀, 1842~1914)가 각종 사물의 명칭을 고증하여 1870년에 펴낸 책으로, 이름이 있는 각종 사물에 대해서 한자로 표제어를 쓰고 그 아래에 그 한자어의 우리말 뜻을 밝힌 한자와 한글 어휘집이다.

맛이 있어 가난한 선비들이 잘 사먹는 물고기라며 '비유어(肥儒魚)'로 기록하였는데, 이는 선비들을 살찌게 하는 물고기라는 의미이다. 이 명칭에서 기원하여 청어를 '비웃'이라고 하기도 한다. 전남에서는 '고심청어', 동해안에서는 '등어', 경북에서는 '눈검쟁이', '푸주치'로 불렸으며, 서울에서는 크기가 크고 알을 품은 청어를 '구구대'라 부르기도 했다.『난중일기(亂中日記)』*는 임진왜란 당시 이순신 장군 휘하의 수군이 청어를 많이 잡아 군량미로 바꾸었다고 전한다. 1595년(선조 28) 12월 4일 일기에는 다음과 같은 내용이 전해진다.

"순천 2선(船) 낙안 1선을 군사 점검하고……황득중(黃得中)·오수(吳水) 등이 청어 7천여 급(級)을 싣고 오므로 곡식 사러 가는 김희방(金希邦)의 배에 세어 주었다."

예전 동해안에 청어가 많이 잡힐 때에는 배도 따지 않은 청어를 바람이 잘 통하는 해안가 덕장에 걸어두고 얼렸다 녹이기를 반복하며 보름 정도 자연 건조시켰다. 청어의 눈을 꿰어 말린다 하여 이를 '관목청어(貫目靑魚)'라 불렀다. 즉, 꼬챙이 같은 것으

---

* 이순신 장군이 1592년(선조 25) 임진왜란이 일어난 다음 달인 5월 1일부터 전사하기 전 달인 1598년 10월 7일까지 남긴 기록으로, 친필 초고가 충청남도 아산 현충사에 보관되어 있다. 본래 이 일기에는 어떤 이름이 붙어 있지 않았다. 그러다가 이후 1795년(정조 19) 『이충무공전서(李忠武公全書)』를 편찬하면서 편찬자가 편의상 '난중일기'라는 이름을 붙여 전서 권5부터 권8에 걸쳐서 이 일기를 수록한 뒤로, 사람들은 이 이름으로 부르게 되었다.

로 청어의 눈을 꿰어(관목, 貫目) 말렸다는 뜻인데, 포항 근방에서는 '목'을 흔히 '메기'로 부르니 결국 '관목'이 '과메기'가 되었다. 이 관목청어는 한겨울이 제철이다. 기온이 영하로 내려가는 11월 중순부터 설 전후까지 청어를 그늘에서 얼렸다 녹이기를 되풀이하면 포항을 중심으로 한 동해지역의 특산물인 과메기가 탄생한다. 최근 들어 청어가 우리나라 근해에서 예전처럼 많이 잡히지 않자 꽁치를 청어 대용으로 쓰고 있다.

| 청어 |

과메기는 동해에서 흔하게 잡히던 청어를 장기간 보관하기 위해 말리던 방식이었다. 청어 자원량이 줄어든 지금은 꽁치 말린 것도 과메기로 통용된다.

<牛山雜曲>

黃胥瀿前一扁舟
眞鯖尺半上寒鉤
漁郞莫怕津頭賣
豪貴今無漢五侯

<우산잡곡>

아전* 황 씨 여울 앞에 조각배 띄워놓고
한 자(尺) 반짜리 청어 잡아 올렸네.
어부여 나루에서 청어 파는 것 두려워 말게.
지금은 호사 누리던 한나라 다섯 제후 없지 않은가.

---

* 조선시대 중앙과 지방의 관아에 속한 구실아치(벼슬아치 밑에서 일을 보던 사람).

비飛옥玉

| 뱅어 |

담정은 "비옥에 계란이나 오리 알을 입혀서 기름으로 지지면 매우 맛이 좋다"고 했다. 경남 고성군 어촌식당에서 마주한 뱅어회, 뱅어국, 뱅어전이다.

飛玉玉魚也 土人謂之霏烏 霏烏者方言雨來也 此魚隨潮而上則雨來必驗 每此魚乘潮 潮頭燦然鮮白 海邊人望而知之以此占雨候 魚似白小而稍大無鱗 蘸鷄鴨卵油煎極佳 此魚小而輕佻 從牢箔網隙逸去亂捕 土人以鬢紒 或葛布細繩 或蠹麻絲織 布經緯之間 可糝米粒 以竹片爲圈 以布幙之爲柄 如編竹桶名 曰抔袋 或以兩長竹幙之 如農家舁土具 各曰輿抔袋 或竹爲高 圈如畚 各曰小高抔袋 海上方言以畚爲小高 言頭低而尾高也 皆用之淺水 或爲綆繘如轆轤 名曰轆轤抔袋

或以竹爲平圈 繫長竿如黏蜻蜓竿 各曰長竿抔袋 皆用之深水 以掬細魚 然此魚在潮頭湍急處 故非練習水性 者難掬云 有一種名麪條玉魚 似玉魚而細 長如麪條 味尤佳

비옥(飛玉)은 옥어(玉魚)이다. 이곳 사람들은 '비오(霏烏)'라고 부른다. '비오(霏烏)'는 방언으로 '비가 온다'는 말이다. 비옥이 조수(潮水)를 따라 올라오면, 반드시 비가 내리는 증험이 있다. 비옥이 조수를 타고 올라올 때 조수의 윗부분이 찬란하고 선명해진다. 바닷가 사람들이 이것을 보고 비

가 올 것을 점친다. 비옥은 백소(白小)*와 비슷하지만 조금 크고 비늘이 없다. 계란이나 오리 알을 입혀서 기름으로 지지면 매우 맛이 좋다.

비옥은 작아서 가볍고 날렵하기 때문에 뇌박(牢箔)** 그물 틈으로 빠져나가 잡기가 어렵다. 그래서 이곳 사람들은 말총 끈이나 갈포(葛布)로 만든 가는 새끼줄, 혹은 삼베실로 쌀알이 들어갈 정도로 포목을 짠다. 그러고 나서 대나무 조각으로 우리를 만든 다음, 짜놓은 포목으로 그것을 덮어씌워 자루를 만드는데 대나무로 엮은 통(桶)과 같다 하여 '반대(拌袋)***'라고 부른다. 어떤 것은 양쪽을 긴 대나무로 덮어씌운다. 이것은 농가에서 흙을 마주 드는 도구와 같다고 해서 '여반대(輿拌袋)'라고 한다. 또 어떤 것은 대나무로 높은 우리를 만든다. 이것은 삼태기****와 같다고 해서 '소고반대(小高拌袋)*****'라고도 한다. 바닷가 사람들의 방언에 삼태기를 '소고(小高)'라고 하는데, '머리 쪽이 낮고 꼬리 쪽이 높다'는 말이다. 이것들은 모두 얕은 물가에서 사용한다.

어떤 것은 두레박줄로 활차처럼 만들기도 한다. 이것은 '녹로반대(轆轤拌

---

* 　민물에 사는 은어이다. 희고 작아서 백소(白小)라고 한다.

** 　뢰(牢)는 죽방렴 어업을 할 수 있게 죽방을 설치해놓은 곳이고, 박(箔)은 죽방에 갇힌 고기들이 빠져나가지 못하도록 대나무 등으로 엮어서 만든 발을 뜻한다.

*** 　반두, 긴 네모꼴 두 끝에 손잡이 막대기를 대서 만든 고기 잡는 그물이다. 두 사람이 맞잡고 물고기를 한곳에 몰아넣어 잡는다.

**** 　짚이나 싸리로 엮어서 만든, 흙이나 쓰레기 따위를 담아 나르는 데 쓰는 그릇. 쓰레받기처럼 앞은 낮게 벌어지고 뒤는 높게 울이 지게 만든다.

***** 소쿠리반두.

袋)*'라고 한다. 또 어떤 것은 대나무로 평평한 우리를 만들고 긴 장대를 묶어놓는다. 이것은 고추잠자리가 붙은 장대와 같다고 하여 '장간반대(長竿拌袋)**'라고 한다. 이것들은 모두 깊은 물에서 사용하며, 작은 고기들을 잡는다. 그러나 비옥은 조수가 있고 여울이 급한 곳에 있기 때문에, 물살의 특성에 익숙한 사람이 아니면 잡기가 어렵다고 한다.

'면조옥어(麪條玉魚)'라는 근연종도 있다. 옥어와 비슷하나 마치 국수처럼 가늘고 길다. 맛이 옥어보다 더 좋다.

· ·

어보에 등장하는 비옥(飛玉)은 뱅어이다. 뱅어는 뱅엇과에 속하는 어류로 10센티미터 정도 크기에 몸이 납작하다. 체색은 담정이 옥어(玉魚)라고 표현할 만큼 반투명하여 옥(玉)처럼 맑다. 날아갈 '비(飛)'에 구슬 '옥(玉)'자가 붙은 것은 담정의 묘사대로 물살을 타고 빠르게 헤엄치는 모습이 마치 날아가는 듯 보였기 때문이다. 담정은 비옥이 조수(潮水)를 따라 올라오면 비가 올 징조라고 하며, 바닷가 사람들은 이를 보고 비가 올 것을 점친다 했다. 비가 오는 날은 기압골의 영향으로 바람이 거세지는 경우

---

* 도르래반두.

** 장대반두.

가 많다. 비가 올 것을 감지하는 작은 어류들은 난 바다의 거센 물살을 피하기 위해 해안 쪽으로 붙는다. 담정은 이를 관찰한 어민들의 이야기를 사실적으로 전한 것이다.

우리나라에는 뱅어가 7종 있다. 이 중 벚꽃뱅어, 도화뱅어, 실뱅어, 붕퉁뱅어는 주로 서해안에 살고 뱅어, 젓뱅어, 국수뱅어는 서해와 남해에 모두 서식한다. 뱅어는 4~5월께 강을 거슬러 올라 알을 낳으며, 부화해서 자란 새끼는 가을이면 바다로 내려간다. 담정은 "비옥은 백소(白小)와 비슷하지만 조금 크고 비늘이 없다. 계란이나 오리 알을 입혀서 기름으로 지지면 매우 맛이 좋다"고 했다. 요즘도 진해, 고성, 통영 등 남해안에서는 뱅어에 계란 옷을 입혀 전을 만들어 먹는데 그 맛이 별미이다. 뱅어는 바닷가 사람들에게 매우 인기가 있어, "월하시(홍시) 맛에 밤새는 줄 모르고, 뱅어국에 허리 부러지는 줄 모른다"는 속담이 전해지기도 한다.

담정은 비옥은 가볍고 날렵해, 뇌박(牢箔)의 그물 틈으로 빠져나가 잡기가 어렵다며 '반대(拌袋)', '여반대(舁拌袋)', '소고반대(小高拌袋)', '녹로반대(轆轤拌袋)', '장간반대(長竿拌袋)' 등 뱅어를 잡는 어구와 사용법을 자세히 설명하였다.

어보에 등장하는 '면조옥어(麪條玉魚)'라는 근연종은 12~14센티미터까지 자라는 국수뱅어를 지칭하는 것으로 보인다. 국수뱅어는 살아 있을 땐 투명하지만, 죽으면 흰색으로 변하는데 국수면발처럼 가늘고 길다 해서 붙여진 이름이다.

<牛山雜曲>

漁村處女束纖腰
端坐明窓刺綿嬌
催喚阿孃收曬紵
篠籬新打玉魚潮

<우산잡곡>

어촌 처녀 가는 허리 날씬하게 묶고서
밝은 창가 단정히 앉아 맵시 있게 바느질하다
불현듯 엄마 불러 말린 모시 베 걷어들고
뱅어가 몰려오니 반대를 치라 하네.

계도어 鱭魛魚

| 웅어 |

성질이 급한 웅어는 그물에 걸리면 금세 죽어버린다. 상하는 것을 막기 위해 내장이나 머리를 떼어내고 얼음에 쟁여 놓는다. 회로 먹으면 살이 연하면서도 씹는 맛이 독특하고 지방질이 풍부하여 고소하지만, 익혀 먹으면 아무 맛이 나지 않는다.

鱴 魛刀魚也 狀似鱸鯑靑色顋下兩鬣如髠刀 在近海谿間
此魚喜入谿田 張鬣而過 則谿皆傷損 故田家雨來谿漲
則築木石防田間水道以斷其出入 味酸有泥臭氣 不堪喫
土人言 蛔心胃痛 燒食有效云

계도어(鱴魛魚)는 도어(刀魚), 즉 칼고기이다. 모양은 영수(鱸鯑)와 비슷한데 청색이다. 아가미 아래 양쪽 지느러미가 머리카락을 자르는 칼과 같다. 근해 계곡 사이에 살고 있다. 이 계도어는 옥수수 밭에 들어가기를 좋아한다. 지느러미를 펼치고 지나가면 옥수수가 모두 망가진다. 그래서 농가에서는 비가 와서 개울물이 넘치면 나무와 돌을 쌓아 밭 사이의 물길을 막는 것으로 계도어 출입을 막는다. 맛은 시고 흙냄새가 나서 먹기에 좋지 않다. 이곳 사람들은 "회충으로 배가 아플 때 구워 먹으면 효과가 있다"고 한다.

..

어보에 등장하는 계도어(鱴魛魚)는 청어목 멸칫과에 속하는 웅어이다. 담정은 웅어가 영수(鱸鯑)를 닮았다고 했다. 생긴 모양이나 민물을 거슬러 오르는 특성이 영수를 닮은 것으로 본 듯하다. 담정은 계도어가 청색이라 했는데 청어목에 속하는 웅어의 등 쪽은 연한 녹색을 띤 청색이다. 담정은 "웅어의 아가미 아래 양쪽 지느러미가 칼과 같다"고 했다. 실제 웅어의 몸통은 가늘고 길며 배의 모서리 부분이 칼날처럼 날카롭다. 그래서 웅어의 한자명이 '도어(魛魚)'이다.

담정은 "계도어가 논밭에 들어가기를 좋아해 지느러미를 펼치고 지나면 옥수수가 모두 망가지기에 농가에서는 나무와 돌을 쌓아 계도어의 출입을 막는다"고 했다. 이는 담정이 전해 들은 이야기를 다소 과장해서 표현한 것으로 보인다. 회유성 어류인 웅어는 4~5월에 바다에서 강의 하류로 거슬러 올라와 갈대가 있는 곳에서 6~7월에 산란한다. 웅어가 헤엄치면서 옥수수를 모두 망가뜨리는 것이 아니라 웅어를 잡기 위해 농작물 사이를 헤집고 다니는 사람들 때문에 농사를 망치는 일이 왕왕 있었던 것은 아닐까?

갈대밭으로 들어와 사는 특성 때문에 갈대 '위(葦)'자를 써서 '위어(葦魚, 갈대고기)'라고도 한다. 그런데 웅어는 임금님이 드시던 물고기였다. 조선 말기에는 행주에 사옹원(司饔院) 소속의 '위어소(葦漁所)'를 두어 진상할 정도로 대접받던 어류였다. 그런데 왜 담정은 "맛은 시고 흙냄새가 나서 먹기에 좋지 않다"고 했을까. 이는 웅어가 성질이 급해 잡히고 나면 바로 죽어버려 쉽게 상한 탓일 것이다. 이는 담정이 증울(蒸鬱), 즉 정어리를 이야기하면서 "잡은 지 며칠이 지나면 살이 더욱 매워져 두통을 일으킨다"며 오래된 어류를 먹었을 때의 부작용이나 문제점 등에 대해 지적한 부분과 맥이 통한다.

<牛山雜曲>

菁花已落土薑馡
近海平田雉子飛
椎石農家防水閘
前溪夜雨鱥魛肥

<우산잡곡>

부추꽃 이미 지고 생강 냄새 향기로울 때
바닷가 넓은 벌에 꿩들이 날아드네.
개울에 돌 쌓아 물길 막으니
밤비 내린 앞개울에 게도어 살 오르네.

겸장 鎌鯣

| 용치놀래기 |

용치놀래기는 우리 연안에서 가장 흔한 어류 중 하나이다. 흔한 데다 몸 색깔이 현란하게 번들거려 그렇게 선호하는 어류는 아니지만 육질이 단단하고 담백해 구워 먹으면 맛이 있다.

鱇鯝 牙魚也 或曰兼魸 似鯽而色黑 腹大如囊 腹中都是腸
巨石有兩牙 尖利出口外 能掮撤魚蝦而啗之 土人謂之兼膓
兼如兼山之兼 言膓多也 燒食甚好 土人言多食兼膓 則能令人膓大云
有一種名曰土鱇膓 有班點 滿腹皆泥沙不可食

겸장(鱇鯝)은 이빨고기 즉 '아어(牙魚)'이다. '겸아(兼魸)'라고도 한다. 붕어와 비슷하지만 색이 검고 배가 주머니처럼 크다. 배 안은 창자로 차 있다. 큰 입에 두 개의 이빨이 날카롭고 예리하게 입 밖으로 나와 있어서, 물고기와 새우들을 공격해서 잡아먹을 수 있다. 이곳 사람들은 '겸장(兼膓)'이라고 부른다. '겸(兼)'이란 '많은 산(兼山)'이란 뜻의 '겸(兼)'과 같아서 '창자가 많다'는 말이다. 구워 먹으면 맛이 매우 좋다. 이곳 사람들은 많이 먹는 것을 '겸장(兼膓)'이라고 하니, 사람의 창자가 커진다는 말이다.

 또 '토겸장(土鱇膓)'이라는 근연종이 있다. 반점이 있고, 배 속을 진흙과 모래가 채우고 있어 먹을 수 없다.

어보에 등장하는 겸장(鰜鯧)이 무엇인가를 놓고 논란이 있어 왔다. 담정이 붕어와 비슷하다고 한 것을 단서로 붕어의 일종이라고 추정하기도 하지만, 붕어는 민물고기이니 바다 어류를 소개하는 『우해이어보』와는 맞지 않다. 어보에 등장하는 단서를 모아 보면 다음과 같다. "붕어와 비슷하다", "이빨고기이다", "색이 검고 배가 주머니처럼 크다", "큰 입에 두 개의 이빨이 날카롭고 예리하게 나와 있다", "구워 먹으면 맛이 좋다", "흉년에 주린 배를 채운다", "이곳 사람들은 많이 먹는 것을 '겸장(兼膓)'이라고 한다" 등이다.

우리 바다, 특히 남해안 어류 중 이에 가장 근접하는 좋은 술뱅이라는 사투리로 잘 알려져 있는 용치놀래기(농어목 놀래깃과)이다. 용치(龍齒)라는 이름이 붙게 된 것은 밖으로 튀어 나온 두 개의 앞니가 용의 이빨처럼 날카롭고 뾰족하기 때문이다. 용치놀래기는 이 이빨로 먹이 사냥을 하는데 식탐이 강하다.

용치놀래기를 포함하는 놀래기류의 특징 중 하나는 돌출된 두툼한 입술이다. 이런 두툼한 입술 때문에 영어명이 늙은 아내란 뜻을 가진 '레스(Wrasse)'이다. 지역에 따라 놀래기류의 튀어나온 입이 돼지 입 모양을 닮았다고 보았는지 '호그피시(Hogfish)'라 부르기도 한다. 담정이 입이 크다고 본 것은 두툼한 입술 때문은 아닐까? 또한 육식성 용치놀래기는 육질이 단단하고 담백해 구이용으로 인기가 있으며 우리나라 연안에서는 망둥이 다음으로 흔하게 잡힌다.

용치놀래기는 왜 겸장(鰜鯧)이 되었을까. 이 어종이 창자가 많아서라기보다는 "이곳 사람들은 많이 먹는 것을 겸장(兼腸)이라고 한다"라고 풀이한 대로, 흉년에 많이 잡히던 용치놀래기를 구워 먹으며 배를 채우던 당시 어촌 사람들의 생활상이 반영된 것으로 보인다.

〈우산잡곡〉에는 들판에서 순무를 캐어다 팔며 어렵게 살아가는 이웃의 노파와 두 처녀가 등장한다. 담정은 흉년에 굶주린 사람들에게 연민을 느끼며, 누군가 겸아 내장이라도 내어주어 주린 배를 채워줄 것을 간절히 바라고 있다.

| 용치놀래기의 이빨 |

용치놀래기는 튀어나온 두 개의 송곳니로 사냥을 하며 식탐이 강하다.

<牛山雜曲>

野婆栲栳*兩頭丫
撥着封灰買大家
荒歲充腸全沒計
誰教阿囝燒鰊牙

<우산잡곡>

들판의 노파와 바구니 든 두 처녀
순무 뿌리 캐어 팔아볼 양 대갓집을 찾아가네.
흉년에 주린 배 채울 대책 없으니
누가 이들에게 겸아라도 구워줄까.

---

* 고로(栲栳): 고리. 고리버들의 가지나 대오리 따위로 엮어서 상자같이 만든 물건.

망 鯭
성 鯹

| 망상어 |

망상어들이 얕은 수심대에 무리를 이루고 있다. 망상어는 우리나라 전 연안에서 흔하게 발견되는 종이다.

鮨鯉 鱣魚之別族 鱣魚色靑 鮨魚色黃 鮨魚者鮨鯉 也 以口邊有細
刺如黍芒 故土人謂之鮨魚 味勝鱣魚 土人抱鮨鯉 於海滙
可設牢處
不用長柱及竹箔 多沈薪篘茭藁之屬 如房屋 名曰桶箔 立細竹之間
間作標 以待潮至 魚隨潮入滙 匿桶箔中 潮退不去 迺於箔外布網
乘船入桶箔內 隨波往來 以木椎敲艙板 或五六人 或七八人 齊聲
敲之 聲如亂砧 魚皆驚散 跳出箔外罣網

망성(鮨鯉)은 전어(鱣魚)의 별종이다. 전어는 청색인데 망어(鮨魚)는 황색이니, 망어(鮨魚)가 바로 망성(鮨鯉)이다. 입가에 가는 가시가 있는데, 옥수수염과 같아 이곳 사람들은 이 물고기를 까끄라기 고기, 즉 망어(鮨魚)라고 부른다. 맛이 전어(鱣魚)보다 좋다. 이곳 사람들은 망성(鮨鯉)을 해변 여울의 어뢰(魚牢)를 설치할 수 있는 곳에서 잡는다. 긴 기둥이나 대나무 발을 사용하지 않는다. 어뢰와 달리 잔 나뭇가지나 꼴풀, 줄풀, 짚 등을 가라앉혀 빙 둘러 방처럼 만들어놓는다. 앉혀놓은 이것을 '통박(桶箔)', 즉 통발이라 한다. 세워놓은 가는 대나무 사이로 간간이 표시를 해놓고 바닷물이

들어오길 기다린다. 망성(鯥鯉)이 바닷물을 따라 여울로 들어와 이 통박 안에 숨으면 조류가 빠져나가도 도망가지 못한다. 이때 통박 밖에서 그물을 두르고 배를 타고 통박 안으로 들어간다. 물결을 따라 오고 가며 나무 몽둥이로 뱃전을 두드린다. 대여섯 명이나 일고여덟 명이 함께 소리를 지르며 두들겨대는데 그 소리가 마치 다듬잇돌을 두드리는 소리와 같다. 망성(鯥鯉)이 깜짝 놀라 흩어지며 통발 바깥에 걸어둔 그물로 튀어 나간다.

· ·

망성(鯥鯉)은 농어목 망상엇과에 속하는 바다 어류인 망상어이다. '망(鯥)'이라는 이름에서 한자 '망(芒)'은 벼, 보리 등의 깔끄러운 수염 또는 곡식 따위의 까끄라기를 의미한다. 이는 망상어 입 주변의 가는 가시가 곡식 까끄라기를 닮았기 때문에 붙여진 것으로 보인다. 그렇다면 고기 이름에 '별 성(星)'자를 붙인 것은 어떤 연유일까? 망상어의 몸을 살펴보면 짙은 청색의 등 쪽과 은백색 배 쪽의 비늘이 마치 밤하늘을 아름답게 수놓는 별을 닮았다. 어류의 체색 또는 반점에서 이름을 따온 어종이 더러 있다. 대표적인 것이 '돈 전(錢)'자를 붙인 전어(錢魚)인데, 몸에 새겨진 동그란 무늬가 엽전을 닮았기 때문이라 전해진다.

망성(鯥鯉)이 연골어류인 상어에서 이름을 따와 망상어라 불리게 된 것은 이들이 상어처럼 태생(胎生)*으로, 새끼를 낳는 특이한 어류이기 때문이다. 망상어는 주로 11월부터 체내에서 수정을 하여 새끼를 배 속에서 기른 다음 5~6개월 뒤에 몸 밖으로 내보낸다. 우리나라 전 연안에 분포하는 이 물고기는 망사, 망상어(부산), 망씨이(가덕도), 망싱이(통영), 맹이(주문진), 망치어(흑산도), 망성어 등의 다양한 이름으로 불린다. 흔하게 볼 수 있는 어류라 '바다 붕어'라고도 한다.

어보에는 망상어를 잡는 방법이 상세하게 설명되어 있다. '양타(鸆鮀)', 즉 부시리를 잡을 때는 '어뢰(魚牢)'를 설치하지만 '망성(鮩鯉)'을 잡을 때는 어뢰 대신 풀과 꿀을 많이 가라앉힌 '통박(桶箔)'을 만들어 둔다고 했다. 이 통박은 마치 방처럼 만들어져 망성(鮩鯉)이 머물 수 있도록 되어 있는데, 바닷물을 따라 통박 안으로 들어온 망성(鮩鯉)은 물이 빠지면 도망가지 못한다. 이때 어부들이 통박 밖에다 그물을 펴두고 몽둥이로 뱃전을 두들기면 놀란 망성(鮩鯉)이 그물로 뛰어오른다고 했다. 〈우산잡곡〉에도 망상어 잡는 모습이 그림처럼 그려져 있다. 밀물 때 망상어가 장

---

* 대체로 포유류에서 볼 수 있으며, 상어, 망상어 등 일부 어류에서도 볼 수 있다. 배 속에서 부화된 새끼가 어느 정도 자랄 때까지 영양을 계속 공급한 뒤 새끼를 낳는다. 이에 상대되는 것이 난생(卵生)으로, 알이 몸 밖으로 나와서 발육하는 것이다. 태생과 난생의 중간형인 난태생(卵胎生)도 있다. 난태생은 알을 배 속에서 품어 부화가 되면 밖으로 내보내는 방식으로, 어류 중에는 가오리, 볼락, 쏨뱅이 등이 대표적이다.

씨 소유의 통발 안으로 들어와 물이 빠져 갇히자, 어로장의 지시에 따라 일제히 배를 타고 뱃전을 두드리며 놀라 뛰어오르는 망상어를 잡는다는 이야기이다.

<牛山雜曲>

栗頰微紅橘殼黃
鯉魚初上蔣家瀼
長年艄手牢中去
亂棒齊敲版底忙

<우산잡곡>

밤이 붉게 익어가고 굴이 노랗게 익어갈 때
첫 망성이 장씨의 통발로 흘러들어오네.
노련한 사공 어뢰 안으로 들어가서
몽둥이로 바닥 판 두드려대니 온통 정신이 없네.

황소 鱑鮇

| 비목어 |

가자미(왼쪽)와 넙치는 성장하면서 눈이 한쪽으로 몰리기에 비목어(比目魚)라고 한다. 담정은 이곳 사람들은 구태여 둘을 구분하지 않고 가자미, 즉 '소어(鮇魚)'라고 부른다고 했다.

鱶鮇似鮇魚 而深黃色稍大 鮇魚鰈魚比目魚也
土人謂之鮇魚 味淡膾炙俱佳 有一種名靑鮇 似鱶鮇而
微靑味劣 又有一種名班鮇 渾身黃色 而背上有擴紋
圓滿端正 如畫乾坤卦 有毒 又有一種名木棉鮇 一名石鱗鮇
甚長或三四尺 皮甲璀璨如灑 西路海邊所産細石鱗
此魚木棉結子時盛來故名 味尤甘味 爲諸鮇中第一
周書言東海致比目之魚 其名鰈鰈 先儒以鰜爲鰈
今見其族類甚多 蓋比目之魚 是東海所産 非但鰈魚爲然
然其理未可推知也

황소(鱶鮇)는 소어(鮇魚), 즉 가자미와 비슷하지만 짙은 황색으로 조금 크다. 소어(鮇魚)와 접어(鰈魚)는 비목어(比目魚)이다. 이곳 사람들은 그냥 모두 '소어(鮇魚)'라 부른다. 맛이 담백해 회나 구이 모두 맛이 좋다. '청소(靑鮇)'라는 근연종이 있다. 황소(鱶鮇)와 비슷한데 조금 푸르고 맛이 떨어진다. 또 '반소(班鮇)'라는 종도 있다. 온몸이 황색이고 배 위로 넓게 무늬가 있다. 무늬가 둥글고 단정해 마치 건곤괘(乾坤卦)를 그려놓은 것 같다. 독이 있다. '목면소(木棉鮇)'라는 근연종도 있다.

일명 '석린소(石鱗鮴)'이다. 매우 커서 어떤 것은 3~4척 정도 되기도 한다. 껍질이 서해에서 나는 가느다란 돌비늘처럼 매끄럽게 빛난다. 목면화(木棉花)가 열매를 맺을 때 많이 잡혀서 '목면소(木棉鮴)'라고 이름을 붙였다. 맛이 아주 좋아서 여러 가자미 중 으뜸이다.

『주서(周書)』에 "동해(東海)에서 비목어(比目魚)를 보내왔는데, 그 명칭이 '겸겸(鰜鰜)'이다"라고 하였다. 선유들은 이 '겸(鰜)'을 넙치라고 했다. 지금 비목어의 종류를 살펴보니 매우 많다. 대개 비목어는 동해에서 생산된다고 했는데 비단 접어(鰈魚), 즉 넙치만이 동해에서 생산된다고 말한 것은 아닐 것이다. 왜 이렇게 말했는지 그 이유는 알 수 없다.

· ·

어보에는 '소어(鮴魚)'와 더불어 '황소(黃鮴)', '청소(靑鮴)', '반소(班鮴)', '목면소(木棉鮴)', '석린소(石鱗鮴)', '접어(鰈魚)', '비목어(比目魚)' 등 여러 명칭이 등장한다. 여기에서 '소어(鮴魚)'는 가자미이고 '접어(鰈魚)'는 넙치를 말한다. 가자미와 넙치를 비목어(比目魚)라고 하는데 담정은 이곳 사람들은 구태여 둘을 구분하지 않고 가자미, 즉 '소어(鮴魚)'라고 부른다고 했다.

'소(鮴)'는 가자미를 이르는 말이고, 황(黃), 청(靑), 반(班), 목면(木棉), 석린(石鱗) 등 앞에 붙은 글자는 체색과 무늬, 제철을 나타낸다. 즉 황소(黃鮴)는 노랑가자미, 청소(靑鮴)는 청가자미,

반소(班穌)는 점가자미, 석린소(石鱗穌)로 불리는 목면소(木棉穌)는 돌가자미를 말한다. 목면소(木棉穌)의 껍질은 가느다란 돌비늘처럼 매끄럽게 빛이 나며, 가자미 중 으뜸으로 맛이 제일 좋다고 했다. 실제로 돌가자미 등에는 석린(石鱗)이라 묘사한 골질판 돌기가 3~4열 배열되어 있어 다른 가자미와 구분된다. 담정은 목면소(木棉穌)라는 이름이 목면화(木棉花)가 열매를 맺는 시기인 늦가을에 많이 잡히는 데서 유래한다고 했다.

담정은 『주서』*에 "동해(東海)에서 비목어를 보내왔는데 그 명칭이 겸겸(鰜鰜)이다"라며 이 겸겸(鰜鰜)을 넙치라고 했다. 그리고 자기가 관찰하고 이야기를 들은 바로는 비목어(比目魚) 종류가 상당히 많은데 겸겸(鰜鰜)이 동해에만 사는 것은 아닐 것이라는 의견을 제시하였다. 담정의 이야기처럼 넙치와 가자미는 우리나라 전 해역에 서식하는 종이다. 『주서』에서 동해라고 한 것은 중국을 기준으로 동쪽에 위치한 바다를 의미한다. 이는 한족(漢族)이 중국 동북방에 분포한 민족을 부르던 '동이(東夷)'라는 방향의 개념과 상통한다고 보면 된다.

어보에 등장하는 비목어(比目魚)에 대해서는 앞서 풀이한 〈침자어(沈子魚)〉편을 참고하기 바란다. 넙치와 가자미가 전설 속

---

* 북주서(北周書). 당(唐) 태종(太宗)의 명으로 편찬된 북주(北周) 시대의 사서(史書)를 말한다.

의 물고기인 비목어가 된 사연은 이들이 태어날 때는 눈이 머리 양쪽에 한 개씩 있지만 성장하면서 한쪽으로 몰리는 탓이다. 전설상의 물고기 비목어는 두 마리가 나란히 다니기에 '나란할 비(比)'자를 썼지만 가자미는 두 개의 눈이 한쪽에 나란히 자리 잡았다 해서 '비(比)'자가 붙은 것이다.

<牛山雜曲>

木棉花發木棉湖
秋色蕭森雁背孤
白髮漁翁眞絶趣
湖頭夜獵石鱗魚

<우산잡곡>

목화 호숫가에 목화꽃 피어날 때
가을빛 쓸쓸하고 기러기 떼 외로워라.
백발노인은 참으로 풍취가 좋아
밀물 드는 밤 돌가자미 낚시하네.

석편자 石鯿子

| 병어 |

붕어와 비슷하게 생긴 병어는 몸이 둥근 형태이다. 무리를 이루어 헤엄치는 모양새가 병졸들의 행진을 연상케 하여 '병졸 병(兵)'자가 붙었다.

鯿似魴而縮項 石鯿鯿頭有石 如石首魚 味似古刀魚
而不酸 膾炙幷佳 土人謂之石魴

편(鯿), 즉 병어(兵魚)는 방어(魴魚)와 비슷한데 목 부분이 잘록하다. 석편(石鯿)은 머리에 돌이 있어 석수어(石首魚)와 비슷하다. 그 맛은 고도어(古刀魚)와 같지만 시큼하지 않다. 회나 구이 모두 맛이 좋다. 이곳 사람들은 '돌방(石魴)'이라 부른다.

어보에 등장하는 석편(石鯿)은 병어(兵魚)이다. 담정이 축항(縮項)이라 쓴 것을 '목 부분이 잘록하다'로 해석할 수 있는데, 병어의 한자 표기가 축항(縮項)이기도 하다. 붕어와 비슷하게 생긴 병어는 몸이 완전히 둥글며 뼈가 억세지 않다. 무리를 이루어 헤엄치는 모양새를 보면 병졸들의 행진이 연상되어 '병졸 병(兵)'자가 붙었다. 병어는 '아름다울 창(昌)'을 붙여 '창어(鯧魚)'라고도 쓴다. 햇살에 번득이는 은빛 체색이 퍽 아름답기 때문이다.

병어의 또 다른 이름은 '편어(鯿魚)'인데, 여기에서 어명 규명에 혼란이 온다. '편(鯿)'은 옥편에 '방어 편(鯿)'자로 나와 있어 '편어(鯿魚)'를 방어의 일종으로 잘못 생각할 수 있기 때문이다. 또한 우리 고서(古書)에는 '편'이란 물고기 이름이 여럿 나온다. 『방언집석(方言集釋)』*에서 편화어(鯿花魚)는 방어로 되어 있고, 『광재물보(廣才物譜)』**에 편어(鯿魚)는 도미로 기록되어 있다. 담정이 "편어(鯿魚)는 방어와 비슷하지만 목이 작다"고 한 것 역시 중국과 우리 고서를 학습했을 담정이 '방어 편(鯿)'자에 선입견을 가진 것으로 보인다.

한편 중국에서 편어(鯿魚)라 부르는 물고기는 강과 호수에 사는 잉엇과 어류로, 머리가 작고 목이 오그라졌으며 등이 툭 튀어 나와 있는 종이다. 서유구는 『난호어명고(蘭湖魚名攷)』***에서 병어를 두고 중국 문헌인 당나라 말기 유순(劉恂)의 『영표록이(嶺表錄異)』를 인용해 "모양이 편어(鯿魚)와 비슷하다"고 했지

---

* 조선 후기에 홍명복(洪命福) 등이 한(漢)·한(韓)·청(淸)·몽(蒙)·왜어(倭語)의 5개 언어로 편찬한 대역어휘집(對譯語彙集)이다. 이 책은 서명응의 주관 아래 한어역관(漢語譯官) 홍명복을 비롯하여 청어·몽어·왜어의 역관들이 관여하여 편집했다.

** 조선 후기 편자 미상의 일종의 백과전서이다. 사물을 각 항목별로 분류하여 어휘를 배열하고 한글과 한문으로 설명한 어휘집이다.

*** 『자산어보』, 『우해이어보』와 더불어 우리나라 3대 어보집으로 일컬어지는 『난호어목지』에서 『어명고』는 물고기 명칭을 강어(江魚)와 해어(海魚)로 나누어 기술하고 있다.

만,『물명고(物名攷)』****에는 "편(鯾)은 강과 호수에서 나니 병어인지는 의심스럽다"고 기록되었다며 중국 문헌에 등장하는 편어(鯾魚)와 우리 바다에서 잡히는 병어(兵魚)가 다른 종이라는 견해를 밝혔다.

**** 1820년 유희(柳僖, 1773~1837)의 저술을 모은, 100여 권이나 되는 유고(遺稿) 속에 포함되어 있다. 한자로 된 표제어 밑에 한글 또는 한자로 그 물명을 써 놓았다. 한글로 풀이된 표제어가 모두 1,660개나 되는 이 책은 국어 어휘 연구의 귀중한 자료이다.

토묵 吐𩹰

| 군소 |

연체동물에 속하는 군소는 위기를 느끼면 검붉은색 색소를 뿜어낸다. 잡혀나온 군소가 색소를 뿜어내는 모습을 관찰했거나 이를 전해 들은 담정이 이 색소에 독이 있다고 이해한 것으로 보인다.

吐𩵋 墨色 似鮎而有大毒 近人則吐墨洙 自晦如烏賊魚
墨浼人肌肉則腐爛 土人謂之長鯽

토묵(吐𩵋)은 몸체가 검은색이다. 메기(鮎)와 비슷하지만 큰 독이 있다. 사람이 가까이 가면 검은 먹을 뿜어 오징어처럼 자신을 숨긴다. 먹물이 사람 피부와 살에 묻으면 썩는다. 이곳 사람들은 '장즉(長鯽)'이라고 부른다.

· ·

　어보에 등장하는 토묵(吐𩵋)은 연체동물 군소로 보인다. 바다동물 중 색소를 뿜어내는 종은 문어, 오징어, 군소 등이 대표적이다. 그런데 담정이 오징어와 문어를 알아보지 못했을 리는 없다. 오징어, 문어와 같이 연체동물에 속하는 군소 또한 위기를 맞으면 검붉은색 색소를 뿜어내 포식자의 접근을 막는다. 바닷가 사람들은 잡아 올린 군소를 식용으로 사용하기 위해 배를 갈라 내장과 색소를 완전히 빼낸다. 그런데 이 색소를 빼내는 일이 만만치 않다. 끊임없이 배어 나오는 색소는 씻고 또 씻어도 그칠 줄 모른다. 담정은 이러한 색소에 독이 있는 것으로 이해한 것은 아닐까? 실제로 군소가 뿜어내는 색소에는 미량이지만 독성이 있어 바다동물들은 군소를 포식하지 않는다.

군소는 서식환경에 따라 검은색, 갈색, 붉은색을 띤다. 이를 관찰한 담정이 "몸체가 검은색이다"라고 설명한 것으로 보인다.

은색리어

銀色鯉魚

| 황어 |

황어는 잉엇과에 속하는 유일한 바닷물고기이다. 황어는 산란기를 맞으면 체색이 옅은 붉은색을 띠지만 산란기 전에는 은색을 띤다.

19세기 초 담정은 무엇을 보았나? · 211

銀色鯉魚渾體鱗鰭 皆如鯉魚無別 但色似爛銀 味似鯉魚而少劣
土人謂之鯉魚 然鯉魚色黃 且產江水及菹澤淡水 必是別族

은색리어(銀色鯉魚)는 온몸이 비늘과 지느러미로 덮여 있다. 모든 것이 잉어와 같아 구별이 되지 않는다. 다만 색깔만은 은빛으로 찬란하게 빛이 난다. 맛은 잉어보다 조금 못하다. 이곳 사람들은 '잉어(鯉)'라고 부른다. 그러나 잉어는 색깔이 황색이고, 또 강물이나 저수지 등의 민물에서 잡힌다. 분명 다른 종류일 것이다.

· ·

어보에 등장하는 은색리어(銀色鯉魚)는 황어로 보인다. 황어는 바닷물고기이면서 특이하게 잉엇과에 속한다. 민물에서 태어나 바다로 내려가 생의 대부분을 바다에서 보내고 3~4월 산란기에만 하천으로 올라온다. 황어의 체색은 암청색 바탕에 등은 황갈색이고 배는 은백색인데 산란기가 되면 수컷은 주둥이부터 꼬리지느러미까지의 배 쪽이 옅은 붉은색을 띠며 몸 전체에 진한

적색을 띠는 폭이 넓은 띠가 나타나 '황어'라는 이름이 붙었다.

  담정은 "은색리어(銀色鯉魚)는 모든 것이 잉어와 같아 구별되지 않지만, 다만 색깔만은 빛나는 은색이다"라고 했다. 담정이 어민들이 산란기 전 바다에서 잡아온 황어를 관찰했거나 이야기를 들었을 것으로 생각해볼 수 있다. 앞서 '도골(鮡鯌)'을 황어로 풀이했었는데, 황어가 바다에서 살 때와 산란을 위해 강을 거슬러 올라갈 때 체색이 달라지는 것을 두고 별개의 종으로 이해한 것은 아닐까?

염髥고羔

| 촉수고기 |

촉수고기들이 쉴 새 없이 촉수를 움직이며 바닥을 헤집고 있다. 촉수에는 감각세포가 있다. 이들은 이 촉수로 펄이나 모래를 파헤쳐 펄 속에 사는 게나 새우류 등 저서동물들을 찾아낸다.

鬣羔形似鱖魚 口傍有長鬚 下垂如羔髯 土人謂之髥高魚
髥高者髥羔也 或曰羊魚

염고(鬣羔)는 모습이 쏘가리와 비슷하다. 입 양옆에 긴 수염이 있다. 수염이 밑으로 처진 것이 마치 염소수염 같다. 이곳 사람들은 '염고어(鬣羔魚)'라고 부른다. '염고(鬣羔)'가 바로 '염소수염'이란 말이다. 그래서 어떤 사람들은 '양어(羊魚)'라고도 한다.

· ·

　어보에 등장하는 염고(鬣羔)는 촉수고기이다. 촉수고기는 턱 아래쪽에 한 쌍의 수염이 있다. 이들의 영어명 역시 '염소고기(Goat fish)'이다. 북한에서는 '수염고기'라 하며, 지역에 따라 '노란수염고기'라고도 한다. 담정이 염소수염으로 표현한 부분인 촉수에는 감각세포가 있다. 이들은 이 촉수를 이용해 펄이나 모래를 파헤쳐 펄 속에 사는 게나 새우류 등의 저서동물을 탐지하여 먹는다. 담정이 쏘가리와 비슷하다고 한 것은 옆으로 납작한 촉수고기의 유선형 몸이 쏘가리를 닮은 것으로 보았기 때문이다.

해음경 海陰莖

| 개불 |

개불은 몸을 늘였다 줄였다 하기에 크기를 가늠하기 힘들지만 대개 몸길이 10~15센티미터에 굵기는 2~4센티미터이다. 조간대 흙탕 속에 구멍을 깊이 파고 살다가 바닷물이 차가워지는 겨울이면 위로 올라오는 특성 때문에 겨울에서 봄까지가 제철이다.

海陰莖形似馬陰莖 無頭尾有一口 蠢動附立海底嵌石
剖之皆血生 用或瀞乾細研調乳汁 塗陰痿頓起云

해음경(海陰莖)은 생긴 모양이 말의 음경과 닮았다. 머리와 꼬리가 따로 없고 한쪽에만 입이 있다. 바다 밑 바위에 붙어서 꿈틀대며 움직인다. 자르면 전체에서 피가 나온다. 해음경을 깨끗이 말려 가늘게 갈아서 젖을 섞어 바르면 바로 발기한다.

..

　어보에 등장하는 해음경(海陰莖)은 개불을 말한다. 개불은 개불목 개불과의 의충동물(蟻蟲動物)이다. 의충동물은 해양성 무척추동물로 작은 동물 분류군이다. 예전에는 개불을 환형동물의 일부로 간주했지만, 환형동물과 같은 체절이 발견되지 않아 지금은 '의충동물문'이라는 별도의 동물문으로 분류하고 있다. 개불은 달짝지근하고 오돌오돌 씹히는 특유의 맛과 향미로 인기가 있다. 맛이 달짝지근한 것은 글리신과 알라닌 등의 단맛을 내는 성분이 들어 있기 때문이며 오돌오돌 씹히는 식감은 마디가 없는 원통형 몸 조직에서 기인한다.

  그런데 개불은 생김새가 그다지 호감을 주지 않는다. 스스로 줄였다 늘였다 할 수 있는 붉은 빛이 도는 유백색의 길쭉한 몸이 남자의 성기를 꼭 빼닮았기 때문이다. 그래서인지 어보에서는 개불을 해음경(海陰莖)이라 쓰고 생긴 모양이 말의 음경 같다고 설명했다. 구태여 『우해이어보』에서 해음경을 끌어오지 않더라도 '개불'이라는 이름 자체에도 성기와 관련성이 담겨 있다. '개의 불알'이 그것이다. 그런데 왜 하필 말의 음경이고, 개의 불알일까? 선조들은 사람의 그것과 빗대기에 다소 민망한 대상에 개, 말 등의 접사를 붙여 해학적으로 쓰곤 했다.

  이러한 예는 『자산어보』에 등장하는 말미잘 이름의 유래에서도 살펴볼 수 있다. 『자산어보』는 말미잘이 항문을 닮았다고 묘사하며 '미주알(未周軋)'이라 표기했다. 『자산어보』에 등장하는 생물의 표기가 당시대의 우리말 소리를 한자로 음을 빌려 옮긴 것임을 생각해보면, 말미잘 이름은 미주알에서 유래했음이 분명하다. 미주알의 국어사전 뜻풀이는 '똥구멍을 이루는 창자의 끝부분'이다. 그래서 아주 하찮은 것까지 캐묻는 것을 '미주알고주알 캐묻는다'라고 한다. 말미잘 이름을 항문에서 따온 것은 말미잘이 평상시 촉수를 뻗고 있다가도 작은 위협이라도 감지되면 순식간에 촉수를 강장 속으로 거두어들이는 모양새 때문이다. 말미잘 촉수가 사라지고 나면 뭉텅한 원통형의 몸통과 촉수가 쑥

들어가 버린 구멍만 남는데, 이때 촉수가 말려 들어간 부분을 내려다보면 항문을 닮았다. 다만 항문을 닮은 모양새를 차마 사람의 그것에 비유할 수 없었을 것이다. 선조들은 사람의 신체에 비유하기 곤란하거나 다소 큰 것을 지칭할 때 '말'이라는 접사를 붙이곤 했다. 그래서 항문을 뜻하는 미주알 앞에 '말'자를 붙여 말미주알이라 부르던 것이 축약되며 말미잘이 되었다.

한편, 개불은 개펄에 유(U)자형 구멍을 파고 산다. 담정이 묘사한 것처럼 바다 밑 바위 위에 붙어 서 있으면서 꿈틀대지는 않는다. 그럼, 담정은 왜 개불이 바위에 붙어서 꿈틀댄다고 했을까. 이는 예전에 어민들에게서 미더덕에 대한 이야기를 들었던 담정이 개불과 미더덕의 생긴 모양을 설명하면서 둘을 혼동한 것으로 보인다. 미더덕 역시 모양이 남자의 성기를 닮아『자산어보』에 '음충(陰蟲)'으로 소개되어 있다. 자르면 피가 난다고 한 것은 개불을 이른 것이고, 바위에 붙어서 있다고 한 것은 미더덕을 이르는 것이다.

개불은 비슷한 것으로 비슷한 것을 보강한다는 '이류보류(以類補類)'에 따라 예로부터 정력제로 애용되어 왔다. 담정이 설명한 대로 발기부전인 경우 개불을 깨끗이 말린 다음 갈아서 꽂을 섞어 바르면 특효라는 민간요법이 행해지기도 한다. 실제로 개불의 글리신과 알라닌 성분으로 인해 성 기능이 쇠약할 때 효과가 있는 것으로 알려져 있다.

패貝
어魚

| 알숭어 |

알숭어는 몸이 가늘고 길며 옆으로 납작하다. 등은 재색, 배는 흰색이며 옆구리에는 빛나는 세로줄이 있다.

貝魚一名貝秀魚 似鯔魚而鱗色如貝 黑夜璀璨照耀 味似秀魚

패어(貝魚)는 일명 '패수어(貝秀魚)', 즉 조개숭어이다. 숭어와 비슷하지만 비늘 색이 조개 색과 같아서, 어두운 밤에도 번쩍번쩍 빛이 난다. 맛은 숭어와 비슷하다.

어보에 등장하는 패어(貝魚), 일명 '패수어(貝秀魚)'는 알숭어를 가리키는 것으로 보인다. 숭어는 전 세계적으로 17속 80종이 있으며 한국에는 숭어속(숭어·알숭어)·등줄숭어속(등줄숭어·가숭어) 등 2속 4종이 있다. 담정은 비늘 색깔이 조개의 색깔과 같다고 했다. 알숭어를 관찰해보면 등 쪽이 암회색이고, 등지느러미·꼬리지느러미·뒷지느러미가 회색이다. 그리고 옆구리 비늘줄을 따라 광택이 도는 어둡고 가는 세로줄이 있다. 세로줄의 광택을 두고 어두운 밤에도 번쩍번쩍 빛이 난다고 묘사한 것으로 보인다.

흑호포 黑䰡鮑

| 아귀 |
아귀는 흉측하게 생겨
과거에는 그다지 대접받지 못한 어류였다.

黑鯕鮑魚頭有鱗鬣 渾體似瓠匏 無鰭骨 土人謂之瓠魚
有毒不可食 有一種色黃名黃瓠匏

흑호포(黑鯕鮑)는 머리에 비늘과 터럭(몸에 난 길고 굵은 털)이 있고, 온몸이 바가지와 같아 지느러미뼈가 없다. 이곳 사람들은 '호어(瓠魚)'라고 부른다. 독이 있어 먹지 못한다. '황호포(黃鯕鮑)'라는 노란색의 근연종도 있다.

· ·

어보에 등장하는 흑호포(黑鯕鮑)는 아귀로 보인다. 아귀의 외형적 특성을 살펴보면 몸과 머리가 납작하다. 특히 비대한 머리에 비해 짧은 몸통과 가늘어지는 꼬리지느러미가 담정의 묘사대로 표주박을 닮았다. 머리에 터럭이 있다고 한 것은 아귀 아래턱과 머리의 배 쪽 테두리를 따라 나 있는 수염모양의 돌기를 묘사한 것으로 보인다.

담정은 아귀를 독이 있어 먹지 못한다고 했다. 과거 아귀는 식용하던 어류가 아니었다. 그물에 혼획되면 흉측하게 생긴 탓에 재수 없다 여겨 다시 바다에 던져버리거나 거름으로 사용했다.

이러한 이야기를 전해 들은 담정은 아귀에 독이 있는 것으로 생각했을 것이다.

근연종으로 등장하는 '황호포(黃鯙鮑)'는 회색인 아귀와 달리 체색이 노란색인 황아귀로 보인다. 담정이 '無鰭骨'이라 쓴 것을 두고 일부에서는 '지느러미와 뼈가 없다'로 해석하지만 '지느러미에 뼈가 없다'로 풀이하는 것이 맞다. 담정이 볼 때 아귀 몸체에 비해 다소 왜소하고 흐늘거리는 지느러미가 맥이 없어 보였을 것이다.

매갈 鮇鯝

| 전갱이 |

계절회유성인 전갱이가 무리지어 경남 고성 앞바다에 모습을 드러내었다. 과거부터 전갱이는 젓갈을 담글 정도로 많이 잡히던 어류였던 것으로 보인다.

鮇鰪小魚 長五六寸 形似石首魚 稍狹色淡黃 味澹
甘 最宜爲鮓 土人謂之梅渴 每歲固城漁村女子 乘小
船載鮇鰪鮓 來賣城市間

매갈(鮇鰪)은 작은 고기로 길이는 5~6촌에 불과하다. 모습은 조기와 비슷하지만 조금 더 작고 옅은 황색이다. 맛은 담백하고 달며 젓갈을 담그기에 가장 좋다. 이곳 사람들은 '매갈(梅渴)'이라고 부른다. 해마다 고성의 어촌 아낙이 작은 배를 타고 매가리 젓갈을 싣고 와서 시장거리에서 판다.

. .

어보에 등장하는 매갈(鮇鰪)은 어린 전갱이를 이르는 매가리이다. 매가리는 전갱이 새끼를 지칭하는 경상도 방언이다. 전갱이는 완도에서는 '가라지', 제주에서는 '각재기', 전라도에서는 '매생이' 등으로 불린다. 어보에서 매갈(鮇鰪)이라 쓴 것은 매가리를 음차(音叉)한 것이다. 방언명이 많은 여타 물고기가 그러하듯 전갱이도 우리나라 전 연안에 걸쳐 서식한다. 경상도 지방에서는 전갱이로 식혜와 젓갈을 즐겨 담가 먹는다. 〈우산잡곡〉을 통해 볼 때 당시 고성 아낙이 진해로 매가리 젓갈을 팔러오곤 했었음을 알 수 있다. 같은 농어목에 속하는 고등어와 겉모습이나 식습성이 비슷하지만 옆줄 뒷부분에 방패비늘(모비늘)이라는 황색의 특별한 비늘이 있어 고등어와 구별된다.

어보에는 여성들의 강인한 모습이 자주 등장한다. 〈매갈(魰鯣)〉 편에서는 작은 배에 젓갈을 싣고 와서 시장거리에 파는 생활력 강한 여성을 묘사했고, 〈증얼(鱠鱲)〉 편에서는 반성장까지 정어리를 팔러가는 튼실한 아낙을 호랑이처럼 억세다고 묘사하기도 했다. 그런데 담정이 여성의 강인한 모습만을 기록한 것은 아

| 전갱이의 모비늘 |
전갱잇과 어류들은 공통적으로 몸체의 옆줄을 따라 '모비늘'이라는 가시가 발달되어 있다.

니다. 단옷날 부전조개(조개로 된 노리개)를 만들어 달거나, 원앙어 눈알을 사서 간직하거나, 윤양어를 잡지 말라고 옷자락 잡고 신신당부하는 어린 처자의 모습 등에서 당시대 여인들의 정서와 낭만도 함께 전하였다.

<牛山雜曲>

固城漁婦慣撐船
椵柁開頭燕子翩
梅渴酸菹三十甒
親當呼價二千錢

<우산잡곡>

고성의 어촌 아낙은 배도 잘 부려서
키 잡고 뱃머리 열자 제비처럼 날아간다.
매가리 젓갈 서른 항아리니
당연히 이 천 냥은 불러야지.

어 魚
희 鱚

| 숭어 |

부산 가덕도 앞바다에서 어부들이
그물에 걸린 숭어를 잡아들이고 있다.
담정이 기록한 아지모장은 어린 숭어이다.

秀魚多族 有名魚鱚 俗謂之秀魚四寸 又有名鮇鱸
皆似秀魚而少異 其最少而色白者 名阿只鮇鱸

수어(秀魚)는 여러 종류가 있다. 이 중 '어희(魚鱚)'라는 물고기가 있는데 민간에서는 이를 '수어'라고 한다. 어희(魚鱚)의 사촌쯤 되는 물고기가 있는데 그 이름은 모장(鮇鱸)이다. 모두 숭어와 비슷하지만 조금 차이가 난다. 그중 가장 작으면서 색깔이 흰 물고기가 있는데 이것이 아지모장(阿只鮇鱸)이다.

∙∙

어보에 등장하는 수어(秀魚)는 숭어를 말한다. 이수광의 『지봉유설』에는 수어(秀魚)라는 이름의 유래가 언급되어 있다. 옛날에 중국 사신이 와서 숭어를 먹어보고 그 속명을 물었는데 역관(譯官)이 수어(水魚)라고 대답하자, 그 사신이 "물에서 나는 고기이면 다 '水魚'가 아니냐"며 빈정댔다. 그러자 다른 역관이 숭어는 물고기 중에서 빼어난 것이므로 그 이름이 수어(水魚)가 아니고 수어(秀魚)라고 하자, 그제야 고개를 끄덕였다 한다.

숭어에게 '높을 숭(崇)'자나 '빼어날 수(秀)'자를 붙인 것은 미끈하고 큼직한 몸매에 둥글고 두터운 비늘이 가지런히 정렬되어 기품 있어 보이는 데다 맛 또한 뛰어나 제사상뿐 아니라 수라상에도 올랐기 때문이다.

담정은 '어희(魚鱚)'를 두고 민간에서는 수어(秀魚), 즉 숭어라고 한다고 했다. 그리고 숭어 사촌쯤 되는 물고기를 모장(鮇鱨)이라 하는데 숭어와 비슷하지만 조금 다르다고 했다. 모장 중에서 가장 작으면서 색깔이 흰 물고기를 두고 아지모장이라고 했다. 아지(阿只)는 어린 것을 이르는 우리 옛말로 송아지, 강아지, 망아지 등에서 그 예를 찾을 수 있다. 그러므로 어보에 등장하는 아지모장(阿只鮇鱨)은 어린 숭어임을 알 수 있다.

범어 鮁風魚

| 개복치 |

길고 날씬한 유선형 물고기에 익숙해진 눈으로 개복치를 보면 마치 외계에서 온 특이한 생명체처럼 보인다.

颿魚鮛魚錦帆魚 魚眼鱉頭 背方而平 蒲脅骨微 凹
凸如瓦屋 色純黃 有紫黑斑點 有肉尾如張僧頭扇 尾
端有點如灑金 端兩邊有黏蹄 無數如蠶腹 腹大垂下如
河豚 此魚遇風 立行如張颿 故名颿 颿音颿 土人謂
之陶帆 陶者方言豚也 漁人言捕此魚不利行路 故不捕
或入網則放之 味似鱉肉而有毒云 此必水蟲如鱉之類
非魚族也 有一種名臥颿魚 色微靑 尾端無黏蹄
不能立行

범어(颿魚)·주어(風舟魚)·금범어(錦帆魚)는 물고기 눈에 자라 머리이다. 등은 각이 지고 평평하며 옆구리 뼈로 가늘게 올록볼록 덮여 있어 마치 기와지붕 같다. 색은 순수한 황색이고 검붉은 반점이 있다. 승두선(僧頭扇)을 펼친 것 같은 꼬리가 있고, 꼬리 끝에는 마치 금을 뿌려놓은 듯한 점들이 있다. 양쪽 끝 주변에는 누에의 배처럼 끈끈한 다리가 수없이 달려있다. 배는 크고 밑으로 처져 있어 마치 복어를 닮았다.

이 물고기는 바람을 만나면 서서 다닌다. 그 모습이 돛을 펼친 것 같아 '범어(颿魚)'라 이름 붙였다. '범(颿)'의 음(音)은 '범(颿)'이다. 이곳 사람들은 그것을 '돛범'이라고 하는데 돛은 방언으로 '돼지(豚)'를 말한다. 어부들은 이 물고기를 잡으면 배를 운행하는 데 좋지 않다 해서 잡지 않고, 간혹 그물에 걸려도 놓아준다. 맛은 자라 맛과 비슷하나 독이 있다고 한다. 생각하건대, 이것은 반드시 참게의 종류와 같은 수충(水蟲)이지, 어족(魚族)은 아닐 것이다.

또 '와범어(臥䱎魚)'라는 근연종이 있는데, 색깔이 약간 푸르고 꼬리 끝에는 점액질 빨판이 없고 서서 다닐 수 없다.

∙ ∙

　어보에 등장하는 범어(䱎魚)는 복어목에 속하는 개복치로 보인다. 개복치는 대개의 경우 바다 중층을 헤엄쳐 다니지만 하늘이 맑고 파도가 없는 조용한 날에는 크게 돌출되어 있는 삼각형 등지느러미를 수면 위에 노출시키면서 천천히 헤엄친다. 이러한 모양새가 당시 어민들 눈에는 "바람을 만나면 일어서서 다니는데 그 모습이 돛을 펼친 것" 같이 보였을 수 있다. 서구에서는 수면 가까이 떠다니는 모습이 일광욕을 하는 것처럼 보여 '선피시(Sun fish)'라 부른다.

　담정은 "승두선(僧頭扇)*을 펼친 것 같은 꼬리가 있다"고 했

---

* 승려의 머리처럼 끝을 동그랗게 만든 부채.

다. 개복치의 뭉떵한 꼬리지느러미는 키지느러미로 변형되어 있는데 이 키지느러미가 펼쳐진 승두선(僧頭扇)을 닮았다. 그리고 8~9개의 골판 형태로 되어 있는 키지느러미를 두고 담정은 "옆구리 뼈로 가늘게 올록볼록 덮여 있어 마치 기와지붕 같다"로 표현했다. 또한 "배는 크고 밑으로 처져 있어 마치 복어 같다"고 하고 뭉떵한 몸이 마치 돼지처럼 보여 "그것을 돗범이라고 하는데 돗은 방언으로 '돼지(豚)'를 말한다"라고 했다. 복어목에 속하는 개복치의 외형적 특징을 묘사한 부분으로 볼 수 있다.

개복치는 일반적인 물고기에서 찾아볼 수 있는 유선형의 몸 형태와 달리 몸의 중간 부분이 잘려나간 듯 뭉떵하다. 길고 날씬한 유선형 물고기에 익숙한 잣대로 개복치를 보면 외계에서 온 특이한 생명체처럼 보인다. 그래서 담정은 어족(魚族)이 아니라 수충(水蟲)으로 분류했다.

근연종으로 등장하는 '와범어(臥䰧魚)'도 똑같이 개복치로 보인다. 개복치가 수면에 부상할 때 등지느러미를 세우기도 하지만 옆으로 누워 떠 있는 경우도 있다. 이 모양새를 본 어민이 지느러미를 세우지 않고 다니는 별개의 종으로 보고 담정에게 이야기를 전했을 것이다.

<牛山雜曲>

窸音浦上水濚洄
日落鰮魚錦帆開
何許扁舟如許小
渾然疑是䏯人來

<우산잡곡>

바닷가 여울목에 이상한 소리
해 지자 범어가 비단 돛대를 펼치네.
이 세상 어떤 배가 이렇게 작을까.
난쟁이 오셨나 의아해 하네.

용 鱅
서 鱛

| 무태장어 |

무태장어는 열대성 대형종으로 우리나라 하천에서 귀하게 발견된다.

鱸鰖似鱣 鱣者俗所謂鱔魚 畿內謂之熊魚 湖西南謂
之壟腰魚者是也 鱸鰖能土霧如蜥蜴 土人謂之龍壻
或謂之海蜥蜴 或謂之海鱔 每日出時有一條青烟出海
中 裊裊直上 是魚海鱔吐烟 海鱔比鱔魚微有金色 每
漁人發船時 見龍壻烟 以爲吉兆 蓋蛟螭之屬也

용서(鱸鰖)는 드렁허리*와 비슷하다. 드렁허리를 민간에서는 '선어(鱔魚)'라고 한다. 기내(畿內)**에서는 '웅어(熊魚)'라고 부르는데, 호서와 호남지방에서 '드렁허리'라고 부르는 것이 바로 이것이다. 용서는 이무기처럼 안개를 토해낼 수 있다. 이곳 사람들은 '용서(龍壻)', 즉 '용의 사위'라고 부르고, '바다이무기'나 '바다드렁허리'라고도 한다. 매일 해가 뜰 때에 한 줄기 푸른 안개가 바다 속에서 나와 꼬불꼬불 위로 올라가는데, 이것이 바로 바다드렁허리가 토해놓은 것이다.

 바다드렁허리는 드렁허리에 비해 약간 금빛이 난다. 어부들은 매번 배를

---

* 뱀장어와 비슷하게 생긴 민물고기.

** 서울에서 사방 500리 이내의 땅, 곧 경기도와 서울을 가리킨다.

타고 떠날 때 용서를 보면 좋은 일이 생길 징조라고 생각한다. 아마도 이무기 종류일 것이다.

・・

어보에는 드렁허리와 비슷하게 생긴 용서(䱱鱊)가 등장한다. 먼저 드렁허리가 어떤 어류인지를 살펴보면, 드렁허리(드렁허리목 드렁허릿과)는 천수답에 사는 물고기로, 뱀장어처럼 몸이 가늘고 긴 민물어류이다. 드렁허리라는 이름은 이들이 논두렁 흙을 이리저리 뚫거나 파헤치며 돌아다니는 습성을 가져 '논두렁헐이'에서 유래했다. 크기는 40센티미터 정도인데 미끌미끌한 몸에 지느러미와 비늘이 전혀 없다. 커다란 미꾸라지를 닮았지만 아가미가 발달하지 않아 미꾸라지와는 다르다.

드렁허리는 지역마다 이름이 다양하다. 지방에 따라 웅어, 궁자, 드렁이, 궁장어로 불리며 문헌에서는 선어(鱔魚)로 많이 기록되어 있다. 논두렁을 허물어 버리기 때문에 농사에는 해를 끼치지만, 신라시대에는 왕에게 공물로 바쳤을 만큼 귀한 어종이다. 『동의보감』에는 관절염, 가려움병, 부스럼, 소갈, 목마름, 당뇨병 치료에 특효로 소개되어 있다.

담정은 용서(䱱鱊)가 이런 드렁허리와 닮았으며 이무기처럼 안개를 토해낼 수 있다 하였다. 이곳 사람들은 용서를 두고 '용의 사위', '바다 이무기', '바다드렁허리'라고 한다고 했다. 그리고 용서는 드렁허리에 비해 약간 금빛이 나며 길한 물고기라고 했다. 민물 어류인 드렁허리와 닮은 바다 어류로는 뱀장어, 갯장어, 붕장어, 먹장어, 무태장어 등이 있다. 담정의 묘사대로라면 당시 사람들은 용서(鱅鱮)를 다소 신비롭게 생각해 신성시한 것으로 보인다. 이런 관점에서 볼 때 용서(鱅鱮)는 다소 귀하게 발견되는 무태장어로 보인다.

무태장어는 뱀장어보다 크고 몸에 암갈색 구름무늬와 작은 반점이 있는 열대성 대형종이다. '무태'는 크기가 큰 것을 지칭하는 접사이다. 우리나라에서는 희귀하게 발견되지만 중국(남부)·타이완·일본(남부)·필리핀·인도네시아 등지에서는 다소 흔하게 발견된다. 삶의 사이클은 뱀장어와 같다. 먼 바다에서 태어난 치어들이 어미가 떠난 하천을 찾아온다. 우리나라로 돌아오는 무태장어의 산란지가 어디인지는 아직 밝혀지지 않았다.

우리나라의 무태장어 서식지로 제주도 천지연폭포가 알려져 있다. 이곳에서 귀하게 발견되다 보니 무태장어는 1978년 천연기념물 258호로 지정되었으나, 이후 남해안 일부에서 서식이 확인되고, 양식용으로도 수입되자 2009년 6월에 천연기념물에서 지정 해제되었다. 다만 서식지인 천지연폭포는 계속 천연기념물로 보호되고 있다.

<牛山雜曲>

海日瞳曨弄彩曦
紅波萬丈紫琉璃
忽見箇中靑一線
遙知龍壻吐烟時

<우산잡곡>

바다에 날이 밝아 고은 햇살 일렁일 때
일만 이랑 붉은 물결 자색 유리 펴놓은 듯
홀연히 보이는 한 줄기 푸른빛은
아마도 용서가 안개 내뿜었나 보다.

왜矮
송鮂

| 송어 |

강원도 평창군 송어축제에 참가한 관광객이 송어를 낚아 올리며 밝게 웃고 있다.

矮鮏色味皆似鮏魚 然形短矮 土人謂之難長鮏魚 難
長者 方言矮也

왜송(矮鮏)은 색깔과 맛이 모두 송어와 비슷하지만 몸체가 짧고 작다. 이곳 사람들은 '난장이송어(難長魚松魚)'라 부른다. '난장(難長)'이란 방언으로 '작다(矮)'는 것이다.

· ·

어보에 등장하는 왜송(矮鮏)은 어린 송어로 보인다. 송어는 5~6월께 하천을 거슬러 올라와서 8~10월께 하천 상류에 산란을 한 다음 죽는다. 부화된 치어는 1년 내지 2년 정도 하천에서 살다가 9~10월 바다로 내려가 2~3년 후 유어기 때 살던 하천으로 되돌아간다. 담정은 어민들이 잡아온 어린 송어들을 관찰했거나 어민들로부터 이야기를 전해 들었을 것이다.

전사전어 箭沙鱣魚

| 장어 |

앞서 귀하게 잡히는 녹표어(鰅鱇魚)가
철갑상어라면 전사전어는
장어류의 한 종이라 할 수 있다.

箭沙鱣魚 狀似鱣魚而滿腹都是沙 近人則吹沙如射
工 令人生瘡如沙 往往腐傷致死 土人謂之鱣射工

전사전어(箭沙鱣魚)는 생긴 것이 전어(鱣魚)와 비슷하나, 배 속이 온통 모래로 가득 차 있다. 사람이 가까이 가면 물여우(射工)*처럼 모래를 쏘아서 상처를 입힌다. 간혹 이 상처가 썩어 죽기도 한다. 이곳 사람들은 '물여우전어(鱣射工)'라고 부른다.

∙ ∙

담정은 전사전어가 전어(鱣魚)를 닮았다고 했다. '전(鱣)'은 철갑상어 또는 드렁허리를 지칭하는 한자어이다. 담정은 이 물고기가 모래를 쏘아서 사람들에게 상처를 입힌다며 다소 혐오스럽게 봤다. 앞서 귀하게 잡히는 녹표어(鯥鰾魚)가 철갑상어라면 전사전어는 장어류의 한 종이라 할 수 있다.

---

* 사공(射工)은 물여우의 다른 이름이다. 물여우는 날다랫과에 속하는 곤충의 유충이다. 자라와 비슷하게 생겼고 다리는 셋이다. 주둥이에 긴 뿔이 하나 있는데 모래를 머금고 있다가 사람에게 뿜는다. 맞은 사람에게는 종기가 생긴다고 한다.

인 鱗
순 筍

| 웅어 |

낙동강 하구에 갈대밭이 펼쳐져 있다.
웅어는 갈대밭에 많이 모여 살기에
'갈대고기'라고도 한다.

鱗笋 一名竹笋魚 錦鬣銀鱗 形似葦魚 鱗皮間隱隱
有節如竹笋 味甘微酸 切肉炙食如魴

인순어(鱗笋)는 일명 '죽순어(竹笋魚)'이다. 비단빛 지느러미에 은빛 비늘을 하고 있다. 모습은 위어(葦魚)*와 비슷하다. 비늘과 껍질 사이에 죽순처럼 희미한 마디가 있다. 맛은 달고 약간 새콤해서 방어처럼 살을 잘라 구워 먹는다.

· ·

　어보에 등장하는 인순어(鱗笋)는 웅어로 보인다. 웅어는 갈대밭에 많이 모여 살기에 갈대 '위(葦)'자를 써서 위어(葦魚, 갈대고기)라고도 한다. 비늘과 껍질 사이에 희미하게 있는 마디가 죽순을 닮았다고 봐서인지 '죽순어(竹笋魚)'라는 이름을 붙였다. 웅어는 앞서 계도어(鱭魛魚)라는 이름으로 등장한다. 담정은 같은 물고기를 두고 사람들이 전하는 이야기에 따라 다르게 이름을 짓고 이름에 얽힌 이야기를 기술하고는 했다.

---

* 멸칫과에 속하는 웅어를 말한다.

첩전연어 帖錢鏈魚

| 은연어 |

은연어는 맛이 좋고 성장이 빨라서 양식 대상 어종으로 주목받고 있다. 오호츠크해, 베링해, 알래스카만 등을 포함한 북태평양 전 해역과 북동태평양의 캘리포니아 등지에 분포한다. 우리나라에는 1969년 50여만 개의 알을 들여와 부화시켜 방류를 시작했다.

帖錢鱸魚 形似鱸魚而色白 背有大黑點 如五銖錢
兩邊各三點 味淡甘 虌鱐甚佳 如不鹽民魚臘

첩전연어(帖錢鱸魚)는 모습이 연어와 비슷하지만 색깔이 흰색이다. 등에 오수전(五銖錢)* 같은 커다란 흑점이 있고, 양끝에도 각각 세 개의 점이 있다. 맛은 담백하고 달콤하다. 말려 먹으면 간을 하지 않은 민어포처럼 매우 맛이 좋다.

• •

어보에 등장하는 첩전연어(帖錢鱸魚)는 은연어로 추정된다. 연어는 청어목 연어과 연어속의 냉수성어류이다. 크게 태평양 연어와 대서양 연어로 나뉜다. 태평양 연어는 우리나라 동해안, 일본, 사할린, 알래스카, 캐나다 등 북태평양에 서식하며 참연어, 곱사연어, 왕연어, 홍연어, 은연어, 시마연어, 아마고연어 등 7종이 분포하고 있다.

---

* 전한(前漢)의 무제(武帝) 때 사용하던 동전. 무게를 나타내는 '오수(五銖)'라는 글자가 새겨져 있다.

대서양 연어는 아틀란틱연어와 브라운 송어 등 2종류로 구분된다. 은연어는 등 쪽은 청록색이고, 배 쪽은 은백색인데 몸 등쪽과 꼬리지느러미 상엽에 흑점이 산재해 있다. 이를 두고 담정이 "등에 오수전(五銖錢) 같은 커다란 흑점이 있고, 양끝에도 각각 세 개의 점이 있다"라고 이야기한 것으로 보인다.

정자 魠鮓

| 조수웅덩이 |

담정이 이야기하는 "약간 오목하고 물이 괴어 있는 진흙모래 속"은 갯벌에 형성된 조수웅덩이를 말한다. 조수웅덩이에는 물이 빠질 때 미처 바다로 돌아가지 못한 바다동물들이 만조가 되기를 기다리며 숨어 있다.

䰤鮡土人或謂之甘鯫 狀似丁子 丁子俗名凡腸 活東子也 色黑無尾 小如茅實 每潮退村兒於泥沙中 稍凹水渟瀦處 以畚掬之 貫細竹弗燒食 味似田螺 少有泥臭 余初見甚醜欲嘔 眞燒蝙蜜啣之類耳 有一種名梨花甘鯫 梨花開時生 淡黑有斑點 又有一種名丹椒甘醜 丹椒俗所謂苦椒也 結子時生 色微紅 要之非魚類 洒水蟲 皆是嵐瘴所化者

정자(䰤鮡)를 이곳 사람들은 '감추(甘鯫)'라고도 부른다. 모양이 정자(丁子)와 같다. 정자(丁子)는 민간에서 '범장(凡腸)'이라 부르니, 올챙이(活動子)이다. 검은색에 꼬리가 없고, 꼭두서니 열매처럼 작다. 매번 조류가 밀려나가면 마을 아이들이 약간 오목하고 물이 괴어 있는 진흙모래 속에서 삼태기로 잡아, 가는 대나무 꼬챙이에 꿰어 구워 먹는다. 맛은 논고동과 비슷하지만 약간 흙냄새가 난다. 나는 처음 그것을 보고 몹시 징그러워 토하려고 했었다. 정말로 박쥐나 벌들을 구워 먹는 것과 같았다.

'이화감추(梨花甘鯫)'라는 근연종이 있는데, 배꽃(梨花)이 필 때 잡힌다. 옅은 흑색에 반점이 있다. 또 '단초감추(丹椒甘鯫)'라는 근연종도 있다. 단초(丹椒)를 민간에서는 '고추(苦椒)'라고 부르는데, 단초감추는 이 고추가 열릴 때 나온다. 색은 약간 붉은색이다. 요컨대 이들은 어류가 아니고, 수충(水蟲)일 것이다. 모두 남기(嵐氣)나 장기(瘴氣)가 변해서 된 것이다.

· ·

담정은 정자(飣鮏)가 올챙이를 닮았다고 했다. 그리고 조수웅덩이*에 갇힌 정자(飣鮏)를 잡는 마을 아이들의 모습을 기록했다. 조수웅덩이에 머무는 바다생물은 집게, 말미잘, 갯지렁이, 불가사리 등 다양하다. 이 중 어류로는 망둑어가 대표적이다. 망둑어는 갯벌에 머무는 작은 물고기의 통칭인 안반어(安鱸魚)로, 앞서 소개한 바 있다.

망둑어는 지구상에서 가장 흔한 어류로 우리 바다에 살고 있는 종만 해도 50여 종에 이른다. 이 중 갯벌에 살면서 조수웅덩이에 갇힐 만한 작은 종은 미끈망둑, 무늬망둑, 줄망둑, 점줄망둑, 날개망둑, 모치망둑, 흰발망둑 등이다. 담정은 크기가 꼭두서니 열매처럼 작고 검은색이라고 했는데, 이 설명과 가장 근접한 종은 4~5센티미터 정도 크기에 몸 전체가 회갈색인 모치망둑이다.

---

* 해안의 조간대에서 간조 시에 해수가 잔류하여 웅덩이에 괴어있는 곳을 말한다. 조수웅덩이에는 주로 조간대에 서식하는 생물을 많이 볼 수 있다. 어류 등이 일시적으로 갇히며, 바다에 있을 때와는 다른 행동양식을 나타내는 것도 있다. 담정이 '매번 조류가 밀려나간 후 약간 오목하고 물이 괴어 있는 곳'이라 묘사한 것이 바로 조수웅덩이를 말한다.

옅은 흑색에 반점이 있는 '이화감추(梨花甘鯫)'는 무늬망둑, 약간 붉은색인 '단초감추(丹椒甘鯫)'는 날개망둑, 또는 미끈망둑으로 추정된다.

<牛山雜曲>

梨花雪落覆汀洲
滿地蒲芽白正柔
日照沙場靑烟散
兒童敲火燒甘鯫

<우산잡곡>

배꽃은 눈처럼 떨어져 물가를 덮고 있고
온 땅 가득 부들의 싹 희고 연하네.
모래밭에 해 뜨자 푸른 연기 피어오르니
아이들 불 지펴서 감추(甘鯫) 굽고 있네.

도달어 鮡達魚

| 도다리 |

도다리, 즉 문치가자미의 금어기는 12월 1일부터 다음해 1월 31일까지이다. 금어기가 풀리는 이른 봄이면 남해안 곳곳에서 도다리 낚시가 성행한다.

19세기 초 담정은 무엇을 보았나? · 255

鱽達魚亦鰰類 比目而背深黑 味甘美 炙食甚佳
此魚秋後始肥大 大者三四尺 故土人謂之秋鱽 或曰霜鰰

도달어(鱽達魚), 즉 도다리 또한 가자미 종류로 '화류(鰰類)'이다. 눈이 나란히 붙었고 등은 매우 검다. 맛은 달고 좋으며 구워 먹으면 맛이 매우 좋다. 이 도다리는 가을이 지나면 비로소 살이 찌기 시작해, 큰 것은 3~4자(尺)나 된다. 그래서 이곳 사람들은 '추도(秋鱽)', 즉 가을 도다리라고 하고, 혹은 '상화(霜鰰)', 즉 서리 도다리라고도 한다.

· ·

어보에 등장하는 도달어(鱽達魚)는 경상남도 진해, 마산지역을 대표하는 생선 중 하나인 도다리(문치가자미)이다. 흔히 '봄도다리, 가을 전어'라 한다. 봄에는 도다리가, 가을에는 전어가 맛이 오른다는 이야기이다. 어류의 맛은 체내에 지방을 축적하는 산란기 전에 가장 좋다. 산란기나 산란기 직후에는 모든 에너지가 산란에 집중되므로 고기 맛이 떨어진다. 도다리의 산란기는 12~2월 말까지이므로 이른 봄은 도다리가 산란을 마친 직후라 맛이 있을 시기는 아니다. 담정은 "도다리는 가을이 지나면 비로소 살을 찌기 시작해 이곳 사람들은 '가을 도다리' 혹은 '서리 도다리'라고도 한다"고 했다.

그럼 도다리 제철을 왜 봄이라고 할까. 이는 산란을 마친 도다리가 봄을 맞으면서 새살이 차오르기 시작하기 때문이라고 하지만, 도다리 자원보호를 위해 12월과 1월이 금어기로 정해져 있어 겨울 동안 도다리 맛을 못 본 사람들이 금어기가 풀리는 봄이 되면서 도다리를 낚아 올리기 시작하고, 때마침 들녘에서 뜯어온 '쑥'과 함께 끓여낸 '도다리 쑥국'이 남해안을 대표하는 봄 메뉴로 등장하면서부터가 아닐까 한다.

그런데 도다리는 최대 크기가 35센티미터 정도이다. 담정은 "큰 것은 3~4자(尺)나 된다"고 했다. 이는 담정이 문치가자미와 넙치를 혼동한 것으로 보인다. 어보의 〈황소(鱑鮱)〉 편에서 담정은 "'소어(鮱魚)'는 가자미이고 '접어(鰈魚)'는 넙치를 말하는데, 이곳 사람들은 구태여 둘을 구별하지 않고 가자미, 즉 '소어(鮱魚)'라고 부른다"고 기록했다. 이를 근거로 유추해보면 담정이 도달어의 크기를 설명하면서 '접어(鰈魚)', 즉 넙치의 크기를 인용한 것으로 보인다.

| 도다리쑥국 |

들녘에서 뜯어온 '쑥'과 함께 끓여낸 '도다리쑥국'은 봄을 알리는 전령이 기도 하다.

<牛山雜曲>

楓槿殘紅菊已黃
獼桃軟熟海柑香
東瀼漁子淸晨噪
新捉霜鮂數尺長

<우산잡곡>

단풍은 붉게 지고 노란 국화 한창인데
돌복숭아 익고 귤 향기 가득하다.
동쪽 나루 어부들 새벽부터 시끌벅적
새로 잡은 도다리가 몇 자나 된다나.

백 白
조 條

| 백조어 |

백조어는 잉엇과의 민물고기이다. 몸길이가 20~30센티미터 정도로 강준치와 비슷하나 너비는 좀 더 넓다. 체색은 은백색 바탕에 등 쪽은 푸른 갈색이다. 등지느러미와 꼬리지느러미의 색은 약간 어둡다.

白條一名白儵 似白小而長過七入寸 每深冬雪後於
近海谿磵釣得 作膾甚佳 土人以爲麪條玉魚至冬 則肥
長爲此魚云 而余見玉魚背上無斑點 白儵背上有噀墨
細點 必是異族 有一種名金儵 頭純黃如鶯毛色

백조(白條)는 '백조(白儵)'라고도 부른다. 백소(白小)와 비슷하지만, 길이가 7~8촌(寸)을 넘는다. 매년 겨울이 깊어져 눈이 온 뒤에 바다 근처 시냇물에서 낚시로 잡는다. 회로 먹으면 매우 맛있다. 이곳 사람들은 면조옥어(麪條玉魚), 즉 국수뱅어가 겨울이 되면 크고 살이 쪄서 백조어가 된다고 한다. 그러나 내가 옥어(玉魚)를 보니 등 위에 반점이 없고, 백조어는 등 위에 먹을 뿌린 것 같은 작은 점들이 있으니, 반드시 다른 종류일 것이다.

또 '금조(金儵)'라는 근연종이 있는데, 머리가 앵무새 깃털처럼 노란색이다.

∴

　백조어(白條魚)라는 민물고기가 있다. 강준치와 비슷하지만 조금 작다. "고집 센 노인이 계곡의 얼음 깨고 백조어 잡는다"는 글을 볼 때 백조(白條)는 민물고기 백조어(白條魚)로 해석할 수 있다. 이 고기는 몸길이가 20~25센티미터에 이른다. 몸은 은백색이지만 등은 푸른색이다. 등지느러미와 꼬리지느러미는 색이 짙고 그 외의 지느러미들은 엷은 흰색이라 담정이 '흰 백(白)'자를 사용했을 만하다.

<牛山雜曲>

萬里蒼茫海色驕
北風驅雪戰寒潮
烟波釣叟渾癡癖
獨破谿冰趣白鰷

<우산잡곡>

만경창파 바다 날씨 거칠어지고
북풍은 눈을 뿌리고 차가운 조수 밀려오지만
고집 센 노인 안개 속에서 낚시하며
홀로 계곡 얼음 깨고 백조어 잡네.

해 蟹

| 대게잡이 |

담정은 마을 사람들에게서 천 년에 한 번 껍데기를 벗는 큰 게가 있다는 이야기를 들었다. 하지만 담정은 모든 갑각류는 일 년에 한차례 껍데기를 벗으니 이는 꾸며낸 이야기라 언급하였다. 지금도 그러하지만 당시에도 게는 사람들에게 인기 있는 해산물로 관심의 대상이었을 것이다. 사진은 어민들이 그물로 대게를 잡아 올리는 모습이다.

甲蟲之中蟹爲最大 大者其匡可容數十斛 此蟹不可
以釣網可得 土人言巨蟹千年蛻殼 其匡往往浮出海上
船子得之覆屋云 然余見海上甲蟲之類 皆能一年一次
蛻殼 惟蟹亦然 然則千年蛻殼之說 太近神巧 而其匡
浮出海上則明矣 至今嶠南海戶 多以海島所拾蟹匡 覆
鹽屋田卡及酒店 假家穹窿如瓦屋 下可容五六人 卡者
土人以架屋謂之卡

게(蟹)는 갑각류(甲蟲) 중에서 가장 크다. 큰 것은 그 껍데기가 수십 곡(斛)에 이른다. 이런 게는 낚시나 그물로는 잡을 수 없다. 이곳 사람들 이야기에 의하면 큰 게는 천 년에 한 번 껍데기를 벗어서 그 껍데기가 간혹 바다 위로 떠올라 어부들이 주워서 지붕을 덮는다고 한다. 그러나 내가 바닷가의 갑각류들을 살펴보니 모두 일 년에 한차례 껍데기를 벗으니, 게도 마찬가지일 것이다. 그러니 천 년에 한 번 껍데기를 벗는다는 말은 너무 신비롭게 꾸며진 것 같다. 그러나 게 껍데기가 바다 위에 떠온다는 것은 분명하다. 지금 영남지방 어촌에서는 바닷가 섬에서 주은 게 껍데기로 염전 집과 밭의 집, 주점의 지붕을 덮은 곳이 많다. 그 울퉁불퉁하게 지어진 모습이 기와지붕처럼 높게 솟아 있어, 그 밑에는 대여섯 명이 들어갈 수 있다. 이곳 사람들은 이렇게 지붕을 얹어서 지은 집을 '잡(卡)'이라 부른다.

전 세계에 4,500여 종, 우리나라에 183종이 서식하는 것으로 알려진 게는 다리가 10개여서 절지동물 갑각강 중에서 십각목으로 분류된다. 10개의 다리는 기능적으로 한 쌍의 집게발과 네 쌍의 걷는 다리로 나뉜다.

　게는 한자로 해(蟹)라고 쓴다. 게와 같은 갑각류는 몸이 딱딱한 갑각에 싸여 있어 몸이 자람에 따라 벌레가 허물을 벗듯 탈피 과정을 거쳐야 한다. 그래서 '벌레 충(虫)'에 '풀 해(解)'자가 더해져 '게 해(蟹)'자가 만들어졌다. 이에 대해 『규합총서(閨閤叢書)』*는 '늦여름과 이른 가을에 매미가 허물을 벗듯이 탈피하기' 때문에 게를 뜻하는 한자에 '벌레 충'자가 들어간다고 소개했다.

　담정은 "게(蟹)는 갑각류(甲蟲) 중에서 가장 크다. 큰 것은 그 껍데기가 수십 곡(斛)**에 이른다"고 했다. 여기서 곡(斛)은 양제

---

* 1809년(순조 9) 여성 실학자이자 서유구의 형수인 빙허각 이씨가 아녀자를 위해 엮은 일종의 여성생활백과이다. 오랫동안 작가와 발간 연대를 알 수 없었으나 1939년 『빙허각전서(憑虛閣全書)』가 발견되면서 규합총서가 이 책의 1부 내용이라는 것이 밝혀졌다. 조선 후기의 생활상을 알 수 있는 귀중한 사료일 뿐 아니라 순한글 고어체로 작성되어 국어국문학적인 가치 또한 뛰어나다.

** 중국에서 전국시대부터 사용되던 양제 단위로 시대에 따라 용량을 달리해왔다. 우리나라에서는 예로부터 사용되어온 용적 단위로 홉(合)·승(升)·두(斗)·석(石)이 있어 곡이라는 단위 명은 필요가 없어 사용되지 않았으나, 중국과의 교류가 빈번해서 고려 정종 때부터 곡 단위가 양제 단위 명으로 사용되었다.

단위 명으로, 열 말(斗)에 해당한다. 담정이 수십 곡(斛)에 이른 다고 했으니 우리식 단위로 환산하면 수백 말인 셈이다. 다소 과장된 표현이긴 하지만 실제로 게는 갑각류 중 가장 크다.

갑각류는 기본적으로는 수중생활을 하며 아가미가 있고 물로 호흡하는 절지동물이다. 외골격을 이루는 갑각에는 탄산칼슘이 들어 있어 한자로 '갑옷 갑(甲)'자를 쓸 만큼 단단하다. 위도 상으로는 남북극해 가까이까지, 수심은 약 4,000미터 깊이까지, 담수에서는 해발고도 3,000미터의 높은 곳에서도 살아가니 갑각류는 전 세계에 걸쳐 살아간다고 할만하다.

담정은 어민들에게서 들은 "큰 것은 그 껍질에 수백 말(斗)을 담을 수 있다", "그물로 잡을 수 없다", "큰 게는 천 년에 한 번 껍데기를 벗는다" 등의 표현들이 다소 과장되었다고 이야기하며 "내가 본 바닷가의 갑각류들은 모두 일 년에 한차례 껍데기를 벗으니, 게도 마찬가지일 것이다"라고 자신이 관찰한 바를 전한다. 어민들이 게 껍데기를 주워 지붕을 덮는 데 사용했다는 부분을 보면 당시 남해안 어촌에 게가 많이 유통되었던 것으로 보인다.

<牛山雜曲>

大海東頭月色賒
白鷗飛盡溮晴沙
短筍蘘荻幽寒處
蟹卡遙窺賣酒家

<우산잡곡>

망망대해 동쪽 어귀 달빛 아득하고
흰 갈매기는 깨끗한 모래 위에서 쉬고 있네.
어린 대나무 물억새 가득한 굼턱진 곳에
게 껍데기 지붕 올린 주막 언뜻 보이네.

자 紫
해 蟹

| 대게 |

대게라는 이름은 몸통에서 뻗어나간 다리 모양이 대나무처럼 곧아서 붙여진 이름이다. 주로 수심 200~400미터의 동해 대륙 경사면 바닥에 서식하며 모래나 자갈층인 곳에서 잡아들이는 것을 으뜸으로 친다. 크기는 수컷의 갑각 폭이 187밀리미터, 암컷이 113밀리미터 정도이다. 암컷의 경우 모양이 둥그스름하고 크기가 커다란 찐빵만 하다고 하여 '빵게'라 부르기도 한다. 알이 꽉 차고 맛이 뛰어나지만 자원 보호를 위해 빵게를 잡는 것은 불법이다. 대게 중 살이 꽉 찬 것은 살이 박달나무처럼 단단하다 하여 '박달게'라는 애칭으로 부르며 예로부터 최고로 친다.

有一種名紫蟹 渾身紫赤色 大如甕 腹中無腸脺 都
是魚蝦螺螄及沙石 匡可容七八斗 其股及鰲肉肥甘
土人以爲脯 色鮮紅可愛 味甘輭眞珍品也 土人言一蟹可
得脯數十脡云

게 중에서 '자해(紫蟹)'는 온몸이 붉은색이고 크기는 장독만 하다. 배 속에 창자는 없고 온통 물고기나 새우·소라·고동·모래뿐이다. 껍데기 속에 7, 8말(斗)을 담을 수 있다. 이 게의 넓적다리와 집게발은 살이 찌고 맛있어서 이곳 사람들은 포를 만든다. 색깔이 선홍빛이어서 보기 좋으며, 맛도 달콤하고 부드러워 정말로 진귀한 음식이다. 이곳 사람들은 자해(紫蟹) 한 마리로 포를 만들면 수십 쪽을 얻는다고 한다.

∴

담정이 이야기하는 자해(紫蟹)는 어떤 종일까?

우리나라 연안에는 전체적으로 온대성 게 종이 분포하고, 동해에는 한류성이, 제주도와 남해에는 난류성이 많이 발견된다. 『동국여지승람(東國輿地勝覽)』의 '토산(土産)'란에 해(蟹)가 포함되어 있는 고을은 모두 7도(강원도 제외) 71개 고을인데, 여기서 해(蟹)는 대부분 참게를 말하는 것으로 여겨진다. 자해(紫蟹)는 경상·강원·함경 3도 11개 고을의 토산물로 기록되어 있으며 이것은 대게를 지칭하는 것으로 보인다.

그런데 대게는 냉수성으로 수심 200~300미터에 이르는 깊은 수심에서 살아간다. 우해 앞바다인 남해에서 수심 200미터 이상인 곳을 찾기는 어렵다. 또한 『동국여지승람』에 기록되어 있는 자해(紫蟹)의 토산물 고을에 우해를 비롯한 남해안 어촌마을은 나오지 않는다. 이는 자해(紫蟹)의 주산지가 지금도 그러하지만 과거에도 동해였음을 증명하는 부분이다. 이러한 상황을 종합해 볼 때 진해 연안에서 대게를 잡았다기보다는 동해바다에서 잡은 대게가 진해를 비롯한 남해안에 유통되었음을 알 수 있다. 아마 울산, 포항, 영덕지역의 어민들이 대게를 잡아 뱃길로 우해까지 오지 않을까? 담정도 자해(紫蟹)의 형태, 먹거리에 대해서만 언급했지 어민들이 자해(紫蟹)를 잡는 어로법에 대해서는 이야기하지 않았다. 양타(鱫鮀), 비옥(飛玉), 망성(鯮鯉) 등을 소개할 때 잡는 방법을 자세히 묘사한 것과도 대비된다.

담정은 "자해(紫蟹)의 배 속에 창자는 없다"고 했다. 이를 두고 옛사람들은 게를 '무장공자(無腸公子)'라고 칭했다. 1908년 안국선(1878~1926)이 지은 풍자소설 『금수회의록』에도 무장공자가 등장한다. 까마귀, 여우, 개구리, 벌, 게, 파리, 호랑이, 원앙 등

8가지 동물이 인간사회의 모순과 세태를 비판하는 이 소설에서 무장공자(無腸公子)는 배알도 없이 외세에 의존하려는 사람들을 두고 "창자 없는 '게'보다 못하다"며 독설을 퍼부어댄다.

게는 맛이 좋아 귀하게 대접받지만 별칭과 속담에서 좋은 의미로 쓰이는 예는 드물다. 눈자루를 내어놓고 두리번거리는 모양새가 요사스럽게 곁눈질하는 듯 보여 '의망공(倚望公)'이라 불렀고, 바르게 가지 못하고 옆걸음을 친다 하여 '횡보공자(橫步公子)'라는 이름을 붙였다. 체면을 차리지 않고 급하게 밥을 먹어치우는 형상을 두고는 "마파람에 게 눈 감추듯 하다"라고 했는데, 이는 몸 밖으로 돌출되어 있는 두 개의 눈이 위험을 감지하면 급히 몸속으로 숨어버리는 민첩함에서 따온 말이다. 사람이 흥분하여 말할 때면 입가에 침이 번지는 것을 보고 "게거품을 문다"라고 한다. 이는 게의 아가미가 공기 중에 노출되면 호흡을 위해 빨아들인 물이 배출되면서 주위에 거품이 이는 것을 비유하는 표현이다.

게와 같은 갑각류는 주로 보름달이 뜨는 시기에 성장을 위하여 낡은 껍데기를 벗는 탈피를 하고, 이때 연한 껍데기가 새로이 만들어진다. 이렇게 만들어지는 연한 껍데기는 낡은 껍데기보다 약 15퍼센트 이상 크다. 이때 게를 만져보면 물렁물렁하고 살이 적어서 야윈 것처럼 느껴진다. 그래서 겉만 번지르르하고 실속이 없는 사람을 두고 "보름 게 잡고 있네"라며 빈정대기도 한다.

"게장은 사돈하고는 못 먹는다"는 말은 껍데기째 요리하기 때문에 점잖게 먹기 힘든 특성을 보여주는 말이다.

<牛山雜曲>

鎭南門外兩丫街
街口茅簷揷酒牌
新髻紅娥纖手白
髹盤托出巨蠵螯

<우산잡곡>

진해 남문 밖 양 갈래 길
어귀 초가집에 술집 패쪽 걸렸네.
새로 온 머리 쪽진 예쁜 아가씨 고운 흰 손으로
옻칠 소반에 큰 집게발 삶아 나오네.

거등해 苣藤蟹

| 동남참게 |

동남참게는 참게와 달리 태백산맥과 소백산맥의 동쪽 수계에 주로 분포한다. 한양에서 살며 참게를 본 적 있는 담정의 눈에 진해에서 만난 동남참게는 참게와 닮긴 했지만 뭔가 달랐을 것이다. 담정은 이를 '거등해(苣藤蟹)'라 기록한 것으로 보인다.

土人以蟹可爲鮓者 名眞蟹 眞蟹是東西北南海所通
有者 其螯無毛 味尤佳者 苣藤蟹

이곳 사람들은 게장을 담글 수 있는 게를 '참게(眞蟹)'라 부른다. 참게는 동서남북 모든 바다에 있다. 이 중에서 집게발에 털이 없고 맛이 더욱 좋은 것이 거등해(苣藤蟹)이다.

. .

담정은 게장을 담글 수 있는 게를 '진해(眞蟹)', 즉 참게라 했다. 그러면서 참게는 동서남북 모든 바다에 있는데 이 중에서 집게발에 털이 없고 맛이 더욱 좋은 것을 거등해(苣藤蟹)라 했다. '거등(苣藤)'은 깨 중에 진짜 깨를 의미하는 참깨의 한자말이고 '해(蟹)'는 게를 이른다. 즉 거등해(苣藤蟹)는 게 중에 진짜 게란 의미에서, 깨 중에서 진짜 깨인 참깨의 한자어인 '거등(苣藤)'을 빌려온 것이다. 그렇다면 '참 진(眞)'자를 쓰는 것도 모자라 '거등(苣藤)'으로까지 칭송한 게는 무엇일까?

진해로 귀양 오기 전 한양에서 살던 담정은 진해(眞蟹), 즉 참게는 더러 봤을 것이다. 그러다 남쪽 진해로 와서 참게를 닮았는데 더욱 맛깔스러운 게를 만나게 되었다. 담정이 거등해(苣藤蟹)로 격찬한 것은 동남참게 암컷으로 보인다. 참게가 전라북도 위쪽의 서해안으로 유입되는 수계에 주로 분포한다면, 동남참게는 태백산맥과 소백산맥의 동쪽 수계(낙동강 수계, 동해안 수계, 남해안 수계)에 분포하기 때문이다. 형태적 특성으로는 눈과 눈 사이의 등딱지 가장자리에 있는 돌기가 뾰족하면 참게이고, 완만한 곡선 모양으로 둥그스름하면 동남참게이다. 참게나 동남참게나 모두 집게발이 털로 감싸여 있는데 암컷이 수컷에 비해 털이 적다.

　담정의 이야기처럼 참게로는 게장을 담근다. 간장을 끓였다가 식힌 후 깨끗이 씻은 참게를 담가 만드는 게장은 최고의 먹거리 중 하나였다. 어업방식이 현대화되기 전 대게나 꽃게는 맛보기 어려웠지만 참게는 발을 치거나 낚시로 잡기도 했다. 이렇게 포획한 참게를 참게장, 참게젓, 참게구이, 참게찜, 참게탕 또는 다른 민물어류를 곁들인 매운탕 등으로 조리 또는 가공해왔다.

| 동남참게 방류 |

예로부터 훌륭한 먹거리였던 참게와 동남참게는 농약 살포와 환경오염 등으로 개체 수는 물론, 서식처도 줄어들고 있다. 최근 들어 자원량 회복을 위해 방류사업이 진행되고 있다.

석石팽蟛

| 방게 |

바위겟과에 속하는 방게는 갯바위를
부지런히 오가다 위협을 느끼면
바위틈으로 순식간에 몸을 숨긴다.

土人以蟹之最小者 謂之蟛蟹 蟛音方 此亦在處有之
其色紫者名蟛 味劣爲鮓不佳

이곳 사람들은 게 중에 제일 작은 것을 '팽해(蟛蟹)'라고 부른다. '팽(蟛)'의 음(音)은 '방(方)'이다. 즉 방게이다. 방게는 바닷가 곳곳에 살고 있다. 색깔이 자주색인 것을 방게라고 한다. 젓을 담가도 맛이 별로 좋지 않다.

· ·

석팽(石蟛)은 우리나라 전 해역에 걸쳐 살고 있는 방게를 말한다. 갑각과 다리는 암갈색이고 집게다리의 손바닥은 옅은 황색이다. 최대 갑각 너비가 34밀리미터 정도인 작은 게이다. 그래서 담정은 게 중에 제일 작은 것이라고 썼다.

방게를 석팽이라 해서 '돌 석(石)'자를 붙인 이유는 두 가지로 생각해볼 수 있다. 방게는 생물 분류상 바위겟과에 속한다. 조간대 부근에 머물다가 작은 위협이라도 느끼면 재빨리 바위틈으로 숨어버린다. 이와 같이 주 서식지가 해안 갯바위 등이다 보니 바위게라고 불린다. 바위가 즉, 돌(石)인 셈이다. 또 다른 하나로 우리말 돌복숭, 돌배, 돌콩 등에서 보듯 돌을 '작거나 가치가 떨어진다'는 의미로도 쓴 것이다. 담정이 "젓을 담가도 맛이 별로 좋지 않다"고 언급한 것과도 의미가 통한다.

마분해 馬糞蟹

| 왕밤송이게 |
왕밤송이게(털게)는 온몸이 털로 덮여 있다.
맛이 좋아 식용으로 중요한 수산자원이다.

馬糞蟹 似蟹狹而長 渾身皆毛 腹中有肉如馬糞
味甘微苦 土人皆煮食

 마분해(馬糞蟹)는 게와 비슷하지만 몸체가 좁고 길며, 온몸에 모두 털이 있다. 배 속에는 말똥과 같은 살이 있다. 맛은 있지만 약간 써서 이곳 사람들은 모두 삶거나 구워 먹는다.

 마분해(馬糞蟹)를 한자풀이대로 쓰면 말똥게이다. 그런데 생물분류학상의 말똥게와 김려가 전하는 마분해(馬糞蟹)는 다르다. 바위겟과에 속하는 말똥게는 최대 갑각 너비가 43밀리미터 정도인 작은 게로 하구 근처의 풀숲 또는 둑이나 제방에 큰 구멍을 파고 서식하는 종이며, 담정이 이야기하는 마분해(馬糞蟹)와는 다르다. 담정이 이야기하는 마분해(馬糞蟹)는 털겟과에 속하는 왕밤송이게로 보인다. 왕밤송이게는 남해 동부와 동해 남부 해역에 분포하는 종으로, 최대 갑각 너비가 120밀리미터 정도이다. 몸에 털이 많아 남해안 일원에서는 털게라고 부른다.

백月 白蟹

| 엽낭게 |

엽낭게가 서식하는 곳에는 작은 모래무지들이 쌓여 있다. 이것은 엽낭게들이 유기물을 걸러 먹고 뱉어낸 모래 덩어리들이다. 엽낭게의 이러한 먹이활동 덕분에 유기물로 범벅된 갯벌이 정화된다.

蟛 蚶也, 蟹之別族 似蟹色渾白 大如眞蟹 味有泥氣
土人謂之白蟹

백월(白蟛)은 감(蚶)으로, 게와는 별족(別族)이다. 게와 비슷한데 색깔이 온통 흰색이다. 크기는 참게와 같다. 맛은 약간 펄 냄새가 난다. 이곳 사람들은 '백해(白蟹)'라고 부른다.

∙ ∙

백월(白蟛)은 엽낭게로 보인다. 엽낭게는 갑각 길이가 약 19밀리미터, 너비가 약 22밀리미터 정도인 작은 게로, 조간대 모래사장에 깊이 50~70센티미터 정도의 구멍을 파고 산다. 성격은 상당히 예민하다. 약간의 위협이라도 감지되면 구멍 속으로 몸을 숨긴 채 잠수함의 잠망경 같은 눈을 세워 밖을 살핀다. 이러한 행동은 눈자루를 자유로이 세웠다 눕혔다 할 수 있기 때문에 가능하다.

엽낭게의 먹이활동은 상당히 과학적이다. 모래를 입으로 가져

간 다음 입에서 머금은 물과 함께 소용돌이치게 해 물에 뜨는 가벼운 유기물을 걸러서 삼킨다. 능수능란하게 입 밖으로 뱉은 모래들은 작은 모래무지가 되는데, 갯벌을 관찰할 때 볼 수 있는 소복소복 쌓여 있는 작은 모래 덩어리들이 바로 그 흔적들이다. 엽낭게라는 이름은 선조들이 허리춤에 차고 다니던 주머니인 염낭(엽낭)을 닮았기 때문에 붙여진 듯하다.

| 엽낭게의 체색 |

엽낭게는 다른 게와 달리 체색이 흰색을 띤다. 이러한 특징으로 '백월(白蚏)'이라 이름 지어진 것으로 보인다.

거치해 鉅齒蟹

| 꽃게 |

계절에 따라 먼 거리를 이동하는 꽃게의 영어명은 'Swimming crab'이다. 꽃게의 걷는 다리 중 맨 끝 한 쌍은 부채 모양의 넓적한 헤엄다리로 되어 있어 헤엄치기에 적합하다.

鉅齒蟹 亦蟹之別族 匡淺而赤色 體圓兩頭微銳
匡四邊有尖牙錯 如鉅齒故名 土人以爲佳味

거치해(鉅齒蟹)도 게와 별족(別族)이다. 껍질은 얇고 붉은색이다. 몸은 둥글고 양쪽 모서리는 약간 날카롭다. 껍데기 네 모퉁이에 뾰족한 부분이 있어서, 마치 큰 이빨이 있는 것 같아 이름을 큰 이빨게라고 한 것이다. 이곳 사람들은 맛이 좋다고 한다.

· ·

거치해(鉅齒蟹)는 꽃게로 보인다. 꽃게는 우리나라 주요 수산자원 중 하나이다. 수심 20~30미터 깊이의 바닥에 서식하는 꽃게는 긴 다리를 뻗치고 배가 물을 가르듯이 옆 방향으로 빠르게 헤엄치며 적합한 수온을 찾아 서해안을 따라 남북을 오간다. 9~10월께 남쪽으로 이동하기 시작하는 꽃게는 전남 가거도 이남까지 내려와 모래 속에서 겨울잠을 잔다. 다음해 3월이면 겨울잠에서 깨어나 산란을 위해 연안으로 이동하고, 4~5월이 되면 살이 꽉 차오르는데 이때 꽃게의 상품 가치가 제일 좋다.

꽃게의 갑각 앞쪽 옆 가장자리에는 눈 뒷니를 포함해 톱니모양 돌기들이 늘어서 있다. 담정은 이를 두고 "양쪽 모서리는 약간 날카롭고 껍데기의 네 모퉁이에는 뾰족한 부분이 있어서, 마치 큰 이빨이 있는 것 같다"고 묘사했다.

그럼 체색이 약간 갈색을 띠는 꽃게를 두고 담정은 왜 붉은색이라고 했을까. 이는 열을 가해 익힌 후의 색을 표현한 것은 아닐까? 살아있는 게나 새우 등 갑각류의 껍데기에는 분해되기 어려운 붉은색 '클러스터세올빈'과 황색을 띠는 '헤파토크롬', 녹청색의 '시아노크립탄'이라는 세 가지 색소가 들어 있다. 갑각류에 열을 가하면 열이나 산, 알칼리에 분해되기 쉬운 '시아노크립탄'이 분해되어 '클러스터세올빈'으로 변화되는데, 이 붉은 색소와 원래부터 들어 있던 황색 '헤파토크롬'이 함께 작용하여 전체적인 체색이 주황색으로 변하게 된다.

한편 껍데기가 붉은색이라고 한 것을 두고 거치해(鉅齒蟹)를 꽃게의 한 종인 '홍색민꽃게'라고 보는 견해도 있다.

| 주황색을 띠는 삶은 꽃게 |

갑각류에 열을 가하면 전체적으로 주황색으로 변한다.

변편 蠯蚄

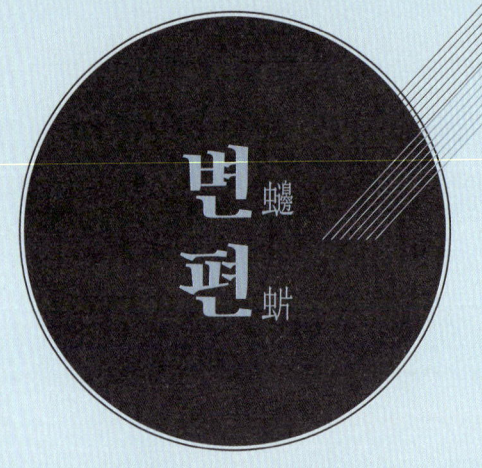

| 농게 |

농게는 갑각의 길이가 20밀리미터, 너비가 30밀리미터 정도인 작은 게이다. 수컷의 경우 한쪽 집게다리는 암컷과 같으나 다른 한쪽은 커서 비대칭이다. 집게길이가 50밀리미터에 이른다.

蝙蚢全體似蟹 但一邊有足 一邊無足 土人惑謂之
邊蟹 有毒不食

변편(蝙蚢)은 온몸이 게와 같다. 다만 한쪽에는 큰 집게발이 있고, 한쪽은 집게발이 없다. 이곳 사람들은 '변해(邊蟹)'라고 부르기도 한다. 독이 있어 먹지 못한다.

변편(蝙蚢)은 수컷 농게로 보인다. 달랑겟과에 속하는 농게는 갑각의 길이 20밀리미터, 너비 32밀리미터 정도인 작은 게이다. 암컷의 집게발이 작고 대칭을 이루는 반면, 수컷은 한쪽 집게발이 다른 집게발에 비해 상대적으로 크다. 또한 갑각 윗면은 푸른색인 데 비해 큰 집게발은 강렬한 붉은색을 띤다. 담정이 "독이 있어 먹지 못한다"라 한 것은 체색이 강렬하게 대비를 이루는 데다, 한쪽에만 큰 집게발이 있는 비대칭의 모양새가 기괴하게 느껴져 독을 가진 것으로 생각하지 않았을까.

평상해 平床蟹

| 투구게 |

투구게는 고생대에 번성한 절지동물 검미목(劍尾目)에 속하는 동물이다. 검미목은 꼬리 부분이 칼 모양을 닮아 지어진 이름이다. 몸은 칼 모양의 꼬리를 포함하여 머리가슴, 배의 세 부분이다. 영미권에서는 머리가슴 부분이 말발굽 모양을 닮았다 하여 '호스크랩(Horse crab)'이라는 이름을 붙였으며, 우리나라에서는 머리가슴 부분이 투구 모양을 연상시킨다 하여 '투구게'라고 부르게 되었다.

平床蟹 匡似蟹 腹甲兩掆 眼在腹 腹四邊 皆有足
足凡二十四 能四面行 植立則如平床 有大毒

평상해(平床蟹)는 앉아 있는 모양새가 게와 비슷하지만 배와 등 껍데기 양쪽이 모두 안쪽을 깊이 감싸고 있다. 눈은 그 감싼 속 가운데에 깊이 있다. 숨겨진 안쪽 배의 사방에 모두 발이 나와 있다. 발은 무릇 24개에 이른다. 옆으로뿐 아니라 사방으로 갈 수 있고, 다리를 세우고 서면 모양이 마치 평상과 같다. 맹독(猛毒)이 있다.

어보에 등장하는 평상해(平床蟹)는 절지동물 검미목에 속하는 투구게로 보인다. 앉아 있는 모양새가 게와 비슷하고, 배와 등 껍데기 양쪽이 모두 안쪽을 깊이 감싸고 있으며, 숨겨진 안쪽 배의 사방에 모두 발이 나와 있어 발이 무릇 24개에 이른다는 묘사가 투구게의 겉모습과 흡사하다. 투구게는 윗입술 좌우에 한 쌍의 협각이 붙어 있고, 머리가슴에 다섯 쌍의 걷는 다리가 있으며, 배 아랫면에 여섯 쌍의 판 모양 배다리가 있어, 다리가 모두 24개 이르는 것처럼 보인다. 어보에서 담정이 표현한 대로 보기에 따라서는 투구게가 다리를 세우고 있는 모습이 마치 평상처럼 보일 수도 있다. 그런데 식용 가능한 투구게를 두고 맹독이 있다고 한 것은 왜일까. 당시 사람들이 기이하게 생긴 바다생물들을 독이 있는 것으로 경계했기 때문으로 보인다.

이외에도 담정이 독이 있어 먹지 못한다고 언급한 종은 눈이 찌그러진 것으로 보이는 '침자어(沈子魚, 양태)', 비릿한 냄새가 나는 '귀홍(鬼䱐, 노랑가오리)', 먹으면 소갈증이 난다는 '윤양어(閏良魚, 베도라치)', 검은 먹물을 뿜어내는 '토묵(吐鱄, 군소)', 몸이 바가지와 같고 지느러미뼈가 없이 이상하게 생긴 '흑호포(黑鰐鮑, 아귀)', 기괴하게 생긴 '범어(颿魚, 개복치)', 집게발이 비대칭인 '변편(蠁蚄, 수컷농게)' 등이 있다.

사 絲
합 蛤

| 새조개 |

조개와 새를 연결 지은 것은 아마 새조개 때문이 아닐까? 새조개 조갯살을 보면 새의 부리나 날개를 빼닮았다. 새조개를 두고 일본에서는 '토리가이(鳥貝)'라고 하는데 토리는 일본말로 새, 가이는 조개이다.

蛤蛤蚧也 蛤族甚多 曰蜃 曰蚌 曰蟶 曰蜆 及方名
海月 方諸 馬刀 淡菜 全鰒 白蛤 紅蛤 皆蛤也 或有
兩邊甲者 或有一邊甲者 東方方言總名之曰雕介 皆在
處有之 不可盡記 經曰 雉入大水爲蜃 雀入水爲蛤 然
則蛤非卵生 皆飛鳥所化者 其名與形之異 如百鳥之不
同焉 其總名曰蛤者 亦如飛者總名曰鳥也 今見海上所
捕蛤蚧 其麗不億 而所謂白蛤者最多 然其殼色 色色
不同 始知鳥之化蛤 非但雉與雀而已 凡羽蟲之類 皆
能化蛤 以理推之則鳥之毛色 變爲蛤之殼色明矣 有一
種名絲蛤 似西海所産紵蛤 紵與絲 其義近之 然紵蛤
殼甚小而輕硏可愛 絲蛤比紵蛤甚大 大者如拳 曾見京
師風俗 以端午日 買新紵蛤滾泡和殼爲湯 名曰瓦殼湯
瓦殼者 方言蛤蚧 聲瓦殼瓦殼然也 女兒輩以五色錦片
黏其殼 買絲線縥 或五枚 或三枚 作一行佩之 名曰雕
介附鈿 今浦上女子 亦以色錦黏蛤殼佩之
然蛤大而錦麤 效顰可噱

합(蛤)은 조개이다. 조개의 종류는 매우 많다. 대합·씹조개·맛살·바지락이라고 부르는 것과 사투리로 해월(海月)*·방제(方諸)**·마도(馬刀)***·담치(淡菜)****·전복(全鰒)·백합(白蛤)·홍합(紅蛤)이라고 부르는 것이 모두 조개이다. 양쪽 모두 껍데기가 있는 것도 있고, 한 쪽만 껍데기가 있는 것도 있다. 우리나라 사투리로 이들을 모두 '조개(雕介)'라고 부른다. 이 조개들은 곳곳에 살고 있어 다 기록할 수 없을 정도이다.

'경서(經書)'에 이르기를, "꿩이 큰 물속으로 들어가면 큰 조개가 되고, 참새가 물속으로 들어가면 작은 조개가 된다"라고 했다. 그렇다면 조개는 알에서 태어나는 것이 아니고, 모두 새가 변해서 된 것이다. 조개의 이름과 형태가 각각 다른 것은 여러 새들이 각각 다른 것과 마찬가지이다. 이들 모두의 이름을 '조개(蛤)'이라고 하는 것은, 날아다니는 모든 것의 이름을 '새(鳥)'라고 하는 것과 같다. 지금 바다에서 잡히는 조개를 보면 그 수가 셀 수 없을 정도로 많다. '백합(白蛤)'이라고 부르는 것이 제일 많은데 껍데기 색깔이 모두 다르다. 그러니 비로소 새들이 조개로 변하는 것이 꿩과 참새만이 아니라는 것을 알 수 있다. 날짐승들이 모두 조개로 변화할 수 있으니, 이치로 따져보면 새들의 털 색깔이 조개껍데기의 색깔이 되는 것이 분

---

*   키조개.
** 방제수(方諸水)는 아이들의 열과 갈증을 풀기 위해, 밝은 달을 향하여 조개껍데기로 뜬 물이다. 여기에 사용되는 조개를 '방제(方諸)'라고 한다.
*** 말씹조개.
**** 섭조개, 홍합.

명하다.

조개 중에서 '사합(絲蛤)'은, 서해에서 나는 '저합(紵蛤)'과 비슷하다. '모시(紵)'와 '명주(絲)'의 의미는 유사하지만, 모시조개는 껍데기가 매우 작고 가벼우며 예쁘게 생겨서 귀엽다. 그러나 명주조개는 모시조개에 비하면 매우 크다. 아주 큰 것은 주먹만 하다. 예전에 서울의 풍속을 보니 단오에 새로 모시조개를 사서 껍데기째로 간을 하고 끓여서 탕을 만드는 것을 '와각탕(瓦殼湯)'이라고 한다. '와각(瓦殼)'이란 사투리로 '조개'이니 소리가 '와각와각' 하기 때문이다. 여자 아이들은 오색 비단 조각을 그 껍데기에 붙이고, 비단실로 한 줄에 5개나 3개 정도를 묶어서 차고 다닌다. 이것을 '부전조개(雕介附鈿)'라 부른다. 요즘 포구의 여자들도 색깔 비단을 조개껍데기에 붙여서 차고 다닌다. 그러나 조개가 크고 비단이 거칠어, 마치 잘못 흉내 내는 '효빈(效顰)'과 같으니 절로 웃음이 나온다.

..

담정은 조개의 종류가 매우 많다고 했다. 대합, 씹조개, 맛조개, 바지락이라고 부르는 것과, 사투리로 해월(海月)·방제(方諸)·마도(馬刀)·담치(淡菜)·전복(全鰒)·백합(白蛤)·홍합(紅蛤)이라고 부르는 것이 모두 조개라고 했다. 담정은 조개 중 양쪽 모두 껍데기가 있는 것도 있고, 한쪽만 껍데기가 있는 것도 있다고 했다. 이는 담정의 관찰력을 보여주는 부분으로, 실제 조개류는 크게 양쪽 모두 껍데기가 있는 '이매패류(二枚貝類)'와 한쪽만 껍데기가 있고 배에 넓고 강한 발을 지닌 '복족류(腹足類)'로 구분된다. 굴, 홍합, 꼬막, 바지락, 키조개 등이 이매패류에 속하며 전복과 고둥류가 복족류에 속한다. 담정은 이 조개들은 모두 곳곳에 살고 있어 이루 다 기록할 수 없을 정도라고 했다. 실제 조개류를 포함하는 연체동물문은 동물계에서 절지동물문 다음으로 많은 종을 포함하고 있는 동물문으로, 전 세계적으로 10만 종 정도 알려져 있다.

한편 담정은 중국 사서오경 중 『예기(禮記)』*의 "꿩이 물속으로 들어가면 큰 조개가 되고, 참새가 물속으로 들어가면 작은 조개가 된다"는 기록을 신봉하는 듯 보인다. 그래서인지 조개의 이름과 형태가 각각 다른 것은 여러 새들이 각각 다른 것과 마찬가지이며, '백합(白蛤)' 껍데기의 색깔이 모두 다른 것을 보면 조개로 변하는 새가 꿩과 참새만이 아니라 모든 날아다니는 것들이 조개로 변하기에 백합 껍데기 색깔이 모두 달라진다며 확신한다. '백합(白蛤)'을 두고 그 껍데기 색깔이 모두 다르다고 했는데, 실제로 '백합(白蛤)'은 '백합(百蛤)'이라고도 불리는데, 이는 다양

---

* 중국 유교의 다섯 가지 기본 경전인 5경(『역경(易經)』, 『서경(書經)』, 『시경(詩經)』, 『예기(禮記)』, 『춘추(春秋)』)의 하나이다. 여기에 『대학(大學)』, 『논어(論語)』, 『맹자(孟子)』, 『중용(中庸)』 4서를 포함해 '사서오경(四書五經)'이라 한다. 이 중 예기는 고대 중국의 예에 관한 기록과 해설이 정리되어 있다. 예경(禮經)이라 하지 않고 예기(禮記)라고 한 것은 예(禮)에 대한 기록 또는 주석(註釋)의 뜻을 담고 있기 때문이다.

한 무늬와 색이 100가지에 이르기 때문이다.

또한 '사합(絲蛤)'은 서해에서 나는 '저합(紵蛤)'과 비슷하다고 했다. '사합(絲蛤)'은 명주조개이며, '저합(紵蛤)'은 모시조개이다. 담정은 모시조개는 껍데기가 매우 작고 가벼우며 예쁘게 생겨서 귀여운 반면 명주조개는 모시조개에 비하면 크다고 했다.

어보에 등장하는 명주조개는 낙동강 하구 명지마을에서 많이 난다 하여 '명지조개'라 불린다. 강릉·속초·삼척 등지에서는 '명주조개', 보령·서천·홍성에서는 '밀조개', 군산·부안·김제에서는 '노랑조개'가 제 이름이다. 이외에도 지역에 따라 삼베백합, 무조개, 연평조개, 약대비, 갈미조개 등으로 불리는 등 이름이 다양하다. 크기는 패각의 높이 6.5센티미터, 길이 9센티미터, 너비 4센티미터 정도이다.

모시조개는 패각이 검은색이라 인천·영광·함평·군산에서는 '까무락' 또는 '까막조개', 장흥·보성·고성에서는 '흑대롱', 보령·서천·홍성에서는 '검정조개', 서산·태안에서는 '까막'이라 부르는 등 주로 서해안에 많이 서식한다. 모시조개의 크기는 껍데기 높이와 지름이 약 5센티미터 정도로 명주조개에 비해 작다. 어보에서는 또한 단오에 새로 모시조개를 사서 껍데기째 간을 하고 끓여서 탕을 만드는 것을 '와각탕(瓦殼湯)'이라고 한다며, '와각(瓦殼)'이란 사투리로 '조개'이니 소리가 '와각와각' 하기 때문이라고 어원을 설명하기도 하였다.

담정은 여러 가지 색의 헝겊을 바르고 끈으로 매달아 허리띠에 차는 노리개인 '부전조개(雕介附鈿)'를 통해 당시 어촌마을 여자아이들이 한양 여자아이들에 비해 유행에 뒤처져 다소 촌스럽다며 해학적으로 묘사하고 있다. 아마 한양 여자아이들은 작고 귀여운 모시조개 패각에 비단을 치장했겠지만, 우해지역 여자아이들은 서해안에서 주로 잡히는 모시조개가 귀하다 보니 큼직한 명주조개에다 들판의 쪽풀로 물들인 헝겊으로 치장했을 것이다. 이를 두고 담정은 '효빈(效顰)' 같다고 했다. 효빈(效顰)은 '서시효빈(西施效顰)'의 줄임말이다. 중국 고대 4대 미녀 중 하나인 월나라 서시는 얼굴을 찡그려도 예뻤다 한다. 그것을 본 당시대 여인들이 서시를 흉내 내어 일부러 얼굴을 찡그리며 다녔다는 데서 서시효빈(西施效顰)이라는 고사성어가 나왔다. 이는 쓸데없이 남을 흉내 내 세상의 웃음거리가 되는 것을 비유할 때 사용하는 해학적 표현이다.

담정은 〈우산잡곡〉을 통해 외모나 유행에 신경 쓰지 않고 남자 못지않게 튼실한 어촌의 전형적인 여인들의 모습을 그려내고 있다. 담정이 이야기하고자 한 것은 꾸밈없이 진솔하게 살아가는 건실한 어촌 아낙의 생활모습이었을 것이다.

| 백합 |

백합(百蛤)은 고급 패류로 '조개의 여왕'으로 불린다. 옛날부터 즐겨 먹어왔는데 건제품 또는 통조림으로 가공하여 수출했을 뿐 아니라, 패각으로는 바둑돌을 만들기도 했으며 태워서 만든 석회는 고급물감의 재료로 사용된다. 백합은 개펄에 살면서도 몸속에 모래나 개흙이 들지 않아 육질이 깨끗하고 달콤해 날것으로도 식용할 수 있다. 백합(百蛤)이라는 이름은 패각에 있는 다양한 무늬가 100가지에 이른다 하여 붙여진 이름이다. 백합은 예로부터 부부화합을 기원하며 혼례음식에 반드시 포함됐는데, 모양이 예쁜 데다 껍데기가 꼭 맞게 맞물려 '합(合)'이 좋음을 상징하기 때문이다.

| 모시조개 |

패각이 검은색이라 까무락 또는 까막조개 등으로 불리는 모시조개는 껍데기가 매우 작고 가볍다. 담정은 모시조개 껍데기로 부전조개를 만드는 한양 여인과 명주조개 껍데기로 부전조개를 만드는 우해 여인들을 해학적으로 비교했다.

| 명주조개 |

명주조개는 낙동강 하구 명지에서 대량으로 잡혀 명지조개라고도 불렸다. 크기가 주먹 크기만 하다. 모시조개나 명주조개나 맛이 뛰어나 인기가 있다.

| 부전조개 |

예로부터 전해오던 여자아이들 노리개의 하나이다. 모시조개 등 조개껍데기 두 짝을 서로 맞춰 화려한 색의 헝겊으로 알록달록하게 바르고 끈을 달아 허리띠 같은 곳에 찬다.

〈牛山雜曲〉

島村閣氏健如男
膀濶腰豊玅理暗
蛤蚌附鈿拳樣大
棉條綰得染田藍

〈우산잡곡〉

섬마을 각시들 남자처럼 튼튼한데
엉덩이 크고 허리 넓어 유행에는 어둡지.
부전조개 노리개에도 큰 조개를 쓰고
들판 쪽풀로 물들인 무명실끈으로 꿰어 찼네.

노 老
고 姑
합 蛤

| 떡조개 |

진해 어민들이 기다란 장대 끝에 갈퀴를 다는 전통 방식으로 갯벌 속에 묻힌 조개를 캐내고 있다.

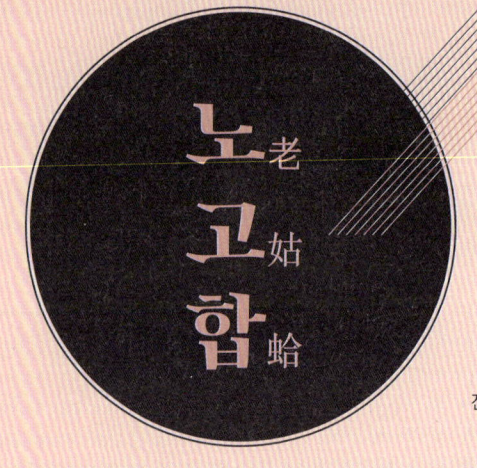

老姑蛤 肉似白蛤 而渾體圓滿 色晧白 大如碗 酷似
白頭老媼故名

노고합(老姑蛤)은 조갯살이 백합(白蛤)과 비슷하다. 온몸이 둥글고 색은 매우 희다. 큰 것은 주발만 하다. 백발의 할미와 비슷하기 때문에 이렇게 이름을 붙였다.

..

어보에 등장하는 노고합(老姑蛤)을 한자 풀이대로 쓰면 '할미조개'이지만 특성을 감안하면 백합과에 속하는 떡조개로 보인다. 할미조개는 타원형에 옅은 갈색인 데 비해 떡조개는 원형에 가까운 백색이다. 나이테도 불규칙한 할미조개에 비해 떡조개가 뚜렷하면서도 규칙적이라 곱게 빗질한 할머니의 백발과 더욱 근접하다. 전장의 길이가 7센티미터 정도인 떡조개는 흰조개, 마당조개, 할미조개, 대엽, 조무락조개 등으로도 불리는데, 체색이 희고 껍데기 표면 앞뒤에 섬세한 성장맥이 규칙적으로 나 있는 모습이 마치 가지런하게 빗은 할머니의 흰 머릿결 같이 보인다.

장長합蛤

| 키조개 |

키조개는 갯벌이 아닌 비교적 깊은 수심의 바닥에 살고 있어 잠수부가 일일이 손으로 잡아내야 한다. 이로 인해 키조개 조업을 하는 잠수부가 상어의 공격으로 희생되는 경우가 종종 발생한다. 채취철인 5월이 백상아리가 난류를 타고 올라오는 시기와 겹치는 데다 조개를 채취할 때 나는 소리와 비릿한 키조개 냄새가 상어를 끌어들이는 탓이다.

長蛤形似馬刀 而甚長 長至二尺 廣不過三 作膾味佳

장합(長蛤)은 모양이 말씹조개(馬刀)와 비슷하지만 길이가 매우 길다. 큰 것은 길이는 2자(尺)나 되지만 너비는 3촌(寸)이 안 된다. 회를 만들면 맛있다.

• •

담정의 묘사대로 말씹조개를 닮았고 길이가 2자(尺)에 이르는 것은 키조개이다. 키조개는 갯벌에서 살아가는 대개의 조개들과 달리, 수심 10~30미터 정도의 비교적 깊은 바닥면에 서식한다. 키조개의 주산지는 충남 보령시 오천항 연안과 전남 고흥군 득량만, 보성만, 광양만 일대이지만 남해안에서도 더러 발견된다.

이매패류인 키조개는 겉모양만 놓고 본다면 홍합을 닮았지만, 성체의 크기가 길이 25~30센티미터, 높이 15센티미터, 너비 10센티미터에 이르러 홍합과는 비교되지 않을 정도로 크다. 또한 단백질이 많은 저칼로리 식품으로 필수아미노산과 철분을 많이 함유하고 있어 고급 종에 속한다.

키조개라는 이름은 큼직한 모양새가 곡식의 쭉정이를 까불 때 쓰는 농기구인 키(箕)를 닮은 데서 유래한다. 서양에서는 조개 끝이 뾰족한 펜촉의 모양을 닮았다 하여 '펜 셸(Pen shell)'이라 부른다.『자산어보』에는 키홍합이라 적고 "모양이 키와 같아서 평평하고 넓으며 두껍지 않다"고 설명하고 있다. 동해바다에 사는 홍합을 '동해부인'이라 부르는 것과 대비하여 서해바다에 사는 키조개를 '서해부인'이라 부른다.

반월합 半月蛤

| 바지락 |

바지락은 여러 가지 요리(찜, 죽, 젓갈, 칼국수, 회무침, 수제비, 맑은 국, 볶음 등)의 식재료로 많이 사용된다. 담정의 이야기처럼 끓여 먹으면 맛이 좋다. 또한 육질 100그램당 80밀리그램의 칼슘과 계란의 5배나 되는 50밀리그램의 마그네슘이 들어 있고, 생체 방어에 필요한 효소와 효소 생산에 필요한 구리도 130밀리그램이나 들어 있는 등 영양이 풍부하다. 특히 바지락은 무기질 함량이 매우 높아 병후 원기 회복에 좋은 음식으로 알려져 있다.

半月蛤 形似白蛤 而一殼短成 開口如螺 眞如半月 泡食甚佳

반월합(半月蛤)은 그 모양이 백합(白蛤) 같지만, 껍데기 한쪽이 짧다. 소라처럼 입구가 열려있고, 정말로 반달처럼 생겼다. 끓여 먹으면 매우 맛이 좋다.

· ·

어보에 등장하는 반월합(半月蛤)은 백합과에 속하는 바지락으로 보인다. 입구가 열려 있다는 표현은 바지락이 호흡을 위해 패각을 열고 있는 모습을 관찰한 것이 아닐까? 다만, 껍데기 한쪽이 짧다고 한 것은 무엇을 이야기하는지 알 수 없다. 바지락이 패각을 열 때 꼭 맞물리지 않는 듯 보이기도 하는데 이를 한쪽이 짧은 것으로 본 것은 아닐까?

복 鰒

| 전복 |

전복은 딱딱한 패각으로 몸을 보호한다. 몸을 뒤집어놓자 한 쌍의 돌출된 눈으로 주위를 경계하며 좌우 반동을 이용해 다시 바닥면에 달라붙고 있다. 전복이 바닥면에 몸을 붙이고 나면 맨손으로는 떼어내기 어렵다.

鰒亦蛤類 蛤色如貝 故東方人以鰒殼爲假貝 其大小
不壹 以鮮曰生包 漧曰全鰒 包者方言鰒也 漢書王莽
傳言啖鰒魚 卽此鰒也 有一種名瓦鰒 殼圓而大如槃
殼背紫黑色 有溝如瓦屋 殼內渾白無貝色 肉味似全鰒
而尤勝 醫書有瓦壟子 性凉味醎 能療婦人癖積癥瘕血
塊云 許陽平浚以爲關北所産江瑤柱殼 江瑤柱 亦蛤類
而殼色內外皆白 有溝 然但微凹而已 余曾醋炙如法
用之 婦人血炳無效 今見此蛤分明是瓦壟子 聊記之而
待知者 又欲試之治血云

복(鰒)은 합(蛤), 즉 조개류이다. 색깔은 화폐로 쓰던 조개껍데기인 패(貝)와 비슷하다. 그러므로 옛날 우리나라 사람들은 전복 껍데기를 가짜 화폐라고 했다. 전복은 큰 것도 있고 작은 것도 있어 크기가 일정하지 않다. 신선하게 살아 있는 것은 '생포(生包)'라고 하고 말린 것을 '전복(全鰒)'이라고 한다. 생포의 '포(包)'는 방언으로 '복(鰒)'이다. 한서(漢書), 왕망전(王莽傳)에서 "복어(鰒魚)를 먹었다"라고 했다. 여기서 복어는 복(鰒)을 지칭하는 것이다. 비슷한 종류가 있는데 와복(瓦鰒), 즉 '기와복'이라고 한다. 껍데기가 둥글고 크기는 쟁반만 하다. 껍데기의 등 쪽은 불그스름한 흑색이고 골이 파져 있어 마치 기와지붕 같다. 껍데기 안쪽은 온통 흰색이고 조가비의

번들거리는 빛은 없다. 맛은 전복과 비슷하지만 전복보다 더 낫다.

의서(醫書)에서는 "와롱자(瓦壟子)는 성질이 차고 맛이 짜서, 부인의 생리가 불순하여 오랫동안 핏덩어리가 몸 안에 쌓여 있는 병을 치유해준다"라고 했다. 허준은 이 와롱자를 "관북지방에서 나오는 강요주(江瑤柱)* 껍데기"라고 했는데, 강요주도 조개 종류이다. 껍데기의 안과 밖의 색이 모두 흰색이다. 그러나 그 파인 골이 매우 미미하여 뚜렷하지 않다. 내가 일찍이 강요주를 식초에 담가 구어서 용법대로 복용시켜보았으나 부인의 생리불순에 별로 효과가 없었다. 지금 이 조개를 살펴보니 분명히 와롱자이다. 이에, 단지 그것을 기록하여 와롱자에 대해 잘 아는 사람이 이를 바로잡기를 기다린다. 또한 시험 삼아 생리불순을 치료해보기를 기대한다.

· ·

담정은 전복이 조개의 한 종류인데, 화폐로 사용했던 조개껍데기인 패(貝)와 비슷해 가짜 화폐라 한다고 했다. 전복은 크기가 일정하지 않으며, 살아 있는 것은 '생포(生包)'라 하고 말린 것을 '전복(全鰒)'이라 한다고 기록했다.

전복은 연체동물 복족류에 속하는 조개로 크고 넓적한 발을

---

* 꼬막과 비슷한 살조개이다. 어보에 적힌 '柱'는 '珠'의 오기로 보인다.

움직이며 기어 다닌다. 『자산어보』에는 전복을 복어(鰒魚)라는 이름으로 소개하며 "살코기는 맛이 달아서 날로 먹어도 좋고 익혀 먹어도 좋지만 가장 좋은 방법은 말려서 포를 만들어 먹는 것이다. 그 내장은 익혀 먹어도 좋고 젓갈을 담가 먹어도 좋으며 종기 치료에 효과가 있다"라고 기록하고 있다.

담정은 『한서(漢書)』 '왕망전(王莽傳)'*에서 왕망의 사치스러운 생활을 이야기하고자 "복어(鰒魚)를 먹었다"라고 기록했는데, 여기에 나오는 복어(鰒魚)가 바로 전복이라며 전복의 유명세를 언급했다. 전복이 유명세를 얻은 이유는 해산물 중 맛이나 영양 면에서 으뜸이기 때문이다. 중국의 진시황제는 불로장생을 위해 전복을 먹었다고 한다. 전복에는 타우린이 다량 함유되어 있고, 아미노산이 풍부해 병을 앓은 뒤 원기 회복과 피로 회복에 특히 좋다. 그래서인지 중국에서는 전복을 해삼, 상어지느러미, 물고기 부레와 함께 최고의 강장식품으로 대접해 '조개의 황제'라는 별칭까지 붙였다.

담정은 와복(瓦鰒)을 언급하며 "껍데기가 둥글고 크기는 쟁반만 하며, 껍데기의 등 쪽은 불그스름한 흑색이고 골이 파져 있어

---

* 『사기(史記)』와 더불어 중국 사학사상(史學史上) 대표적인 저작인 『한서』의 권 99 중 '왕망전'은 한나라 황제인 평제(平帝)를 죽이고 왕위에 즉위한 왕망 편이다. 그는 사치스러운 생활을 해서 편안한 자리에 앉아 전복을 즐겼다고 한다.

마치 기와지붕과 같다"고 했다. 그렇다면 담정이 관찰한 와복(瓦鰒)은 어떤 종일까? 전 세계적으로 1백 여 종에 이르는 전복 중 우리나라에서 관찰되는 오분자기, 마대오분자기, 참전복, 둥근전복(까막전복), 말전복, 왕전복을 하나씩 살펴보자.

먼저, '오분자기'와 '마대오분자기'는 크기가 작은 종으로 제주도 해역이 특산지이다. '참전복'은 북방형으로 수온이 낮은 북부 연안에 분포한다. 전복류 중에서는 가장 얕은 곳, 해조류가 무성한 곳에 서식한다. '둥근전복'은 패각이 쟁반같이 둥글어 생긴 이름이며 크기도 큰 편이라 20센티미터에 이른다. 패각이 검은 빛깔이라 '까막전복'이라고도 부른다. '말전복'은 대형 종으로 가장 깊은 곳에 서식한다. '왕전복'은 오랫동안 말전복과 구분 없이 취급되다가 1979년에 신종으로 분류되었다.

과거 별개의 종으로 분류되었던 '시볼트전복'은 말전복과 같은 종으로 밝혀져 시볼트전복이라는 이름은 사라지게 되었다. 이러한 생물학적 근거를 두고 담정의 글을 다시 살펴보면 와복(瓦鰒)은 둥근전복이라는 결론에 도달한다. 담정은 참전복을 기준으로 와복을 설명하며, 와복이 참전복보다 맛이 낫다고 한 것으로 보인다.

한편 담정은 귀양지 우해에서 발견한 꼬막을 허준의 의서(醫書)에 소개된 와롱자(瓦壟子)라고 확신하고 있다. 사새목 꼬막조개과에 속하는 꼬막은 크게 참꼬막, 새꼬막, 피조개의 3종류가 있다. 꼬막의 가장 큰 특징 중 하나는 겉이 반질반질한 다른 조개와 달리 껍데기 표면에 17~18줄의 굵은 골이 파여 있다는 점이다. 이 골은 가장자리 쪽으로 갈수록 굵고 간격이 벌어져 뚜렷하게 보인다. 담정은 이 골의 모양새가 기왓골을 닮았다고 보았다. 한편, 허준이 "와롱자는 부인병 치료에 좋고 이 와롱자가 관북지방에서 나오는 강요주(江瑤柱)와 닮았다"고 인용한 것에 따라, 강요주를 구해 부인병 치료에 사용해봤지만 별 효험이 없었다며 이제 꼬막으로 치료에 효과가 있는지 실험해봐야겠다고 했다. 꼬막을 와롱자라고 확신한 자신의 생각을 실험을 통해 증명해보겠다는 흥미로운 이야기이다.

허준이 이야기한 강요주는 살조개로 보인다. 『한국고전용어사전』에 따르면 강요주는 돌조개과에 딸린 바닷조개의 일종으로, 길이 5센티미터 폭 3.5센티미터 정도의 살조개라고 되어 있다. 살조개는 날씨가 추울 때에 해구(海口)의 조수(潮水) 머리 개흙 바닥의 물이 줄어들고 진흙이 드러난 곳에서 잡히며, 그 맛이 특별하여 진상(進上)하였다고 한다. 살조개를 살펴보면 꼬막과 백합을 반반씩 닮았고, 크기는 바지락보다 조금 더 크다.

| 꼬막 |

꼬막은 크게 참꼬막, 새꼬막, 피조개의 3종류로 구분된다. 꼬막 중 진짜 꼬막이란 의미에서 '참'자가 붙은 참꼬막은 방사륵(부챗살마루) 수가 17~18줄이다. 표면에 털이 없고 졸깃졸깃한 맛이 나는 고급 종이라 제사상에 올리기에 '제사꼬막'이라고도 부른다. 이에 비해 껍데기 골의 폭이 좁으며 털이 나 있는 새꼬막은 방사륵 수가 30~34줄이다. 조갯살이 미끈한 데다 다소 맛이 떨어져 하급품으로 취급되어 '똥꼬막'으로 불린다. 꼬막류 중 최고급 종은 피조개로 방사륵 수가 42~43줄이다. 조개류를 포함한 대개의 연체동물이 혈액 속에 구리를 함유한 헤모시아닌을 가지고 산소를 운반하지만 꼬막류는 철을 함유한 헤모글로빈을 가지고 있어 붉은 피가 흐른다. 꼬막류가 특이하게도 헤모글로빈을 가지는 이유는, 산소가 부족한 갯벌에 묻혀 사는 특성상 호흡을 하는 데 헤모시아닌보다 산소 결합력이 우수한 헤모글로빈이 유리하기 때문이다.

| 살조개 |

살조개 껍데기에는 부챗살 모양의 도드라진 줄기가 열여덟 개 쯤 있다. 얕은 바다의 모래나 진흙 속에 살며, 맛이 간간하고 쫄깃쫄깃해서 주로 삶아서 먹는다.

| 자연산과 양식 전복 |

자연산 전복(왼쪽)과 양식 전복 패각을 비교한 사진이다. 양식 전복에 비해 자연산 전복은 패각에 따개비, 해조류 등 부착물이 많다.

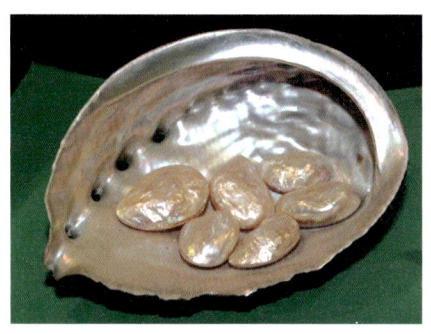

| 전복 진주 |

전복에서 만들어지는 진주는 진주 중에서도 으뜸으로 대접받는다.

| 전복의 위장술 |

자연산 전복은 패각에 따개비 등 각종 부착물이 붙어 있고 납작하게 엎드려 있어 상당한 주의력이 아니고는 쉽게 찾아내기 어렵다.

| 전복의 먹이활동 |

전복이 입에 있는 치설을 이용 갈조류 엽상체를 갉아 먹고 있다. 치설은 구강으로부터 돌출되어 먹이를 긁어 먹는 기능을 한다. 가장 딱딱하고 날카로운 부분이 이용되고 무디게 갈려서 쓸데없어진 것은 버려진다.

| 여러 전복요리 |

중국의 진시황제가 불로장생을 위해 먹었다고 전해지는 전복은 예로부터 귀하게 대접받았다. 중국인들은 남삼여포(男蔘女鮑)라 해서 남자에게는 해삼, 여자에게는 전복이 좋다고 했다. 라면에까지 전복을 넣어서 먹는 현대인은 진시황의 식도락이 부럽지만은 않을 듯하다. 이처럼 전복은 다양한 요리의 식재료로 사용된다. 왼쪽 위부터 시계방향으로 전복 닭백숙, 전복죽, 전복라면, 전복 삼합구이, 전복물회, 전복 비빔밥, 전복구이, 전복 된장찌개 등이다.

<牛山雜曲>

新秋漁戶另相邀
綵蛤登槃五味調
若使陽平來海嶠
不將瓦壟視江瑤

<우산잡곡>

초가을 어촌에 떠나간 사람들 서로 마주쳐
무늬조개 쟁반에 올리니 온갖 맛이 어우러졌네.
만약 허준이 이 마을에 왔다면
와롱자를 강요주라 하지 않았겠지.

황(黃)라(螺)

| 뿔소라 |

소라는 뿔이 있고 껍데기가 단단한 '뿔소라'와 뿔이 없으면서 볼 부분이 넓은 '참소라'로 나뉜다. 어보에 등장하는 황라(黃螺)는 참소라, 자라(紫螺)는 뿔소라로 보인다. 사진은 해조류 군락지에 모습을 드러낸 뿔소라이다.

螺蠡也 甲蟲之一族 字書及本草綱目 皆以螺爲蛤屬
非是蛤與螺 其類逈別 今不必多辨 以螺之族又甚多
今海上所捕白螺 卽在處所有者 京師人謂之小蠡 小蠡
者 方言螺也 有一種名黃螺 似白螺而甚大 肉胞中有
螺糞如拳 色深黃 故名去糞 瀞洗作軒甚佳 泡喫亦好
微有香臭 土人或謂之馬糞螺 固城人謂之梅香 又有一
種名紫螺 殼色紅潤光滑 肉味亦佳 土人捕螺 沈淡水
則螺身出殼外 以殼作硯滴甚玅 凡捕螺者 皆於潮退後
泥沙中掘取

라(螺), 즉 소라는 고동으로 갑충(甲蟲), 즉 단단한 껍데기를 가진 동물의 한 종류이다. 『한자자전(字書)』과 『본초강목』에서는 모두 라(螺)를 조개에 속하는 것이라 했지만 옳지 않다. 조개와 소라는 그 종류가 전혀 별개인 것이다. 그러나 지금은 반드시 다양한 측면에서 구분할 필요는 없다. 왜냐하면 소라의 종류도 조개처럼 매우 다양하기 때문이다. 요즘 바닷가에서 잡히는 '백라(白螺)', 즉 흰 소라도 있을 만한 곳에는 다 있는 것으로, 서울 사람들은 '소려(小蠡)'라고 하는데, 이 소려는 방언으로 '소라(螺)'이다.

소라 중에는 '황라(黃螺)'가 있다. 백라와 비슷하지만 매우 크다. 속살 안쪽에는 마치 주먹덩이 같은 소라 똥이 들었는데 그 색깔이 매우 노랗게 보이므로 이렇게 이름을 붙였다. 똥을 제거하고 깨끗이 씻어 토막 내서 먹으면 그 맛이 매우 좋다. 삶아 먹어도 또한 맛있으며 연하면서 향긋한 향이 난다. 이곳 사람들은 간혹 '말똥소라(馬糞螺)'라고도 하고, 고성 사람들은 '해향(海香)'이라고 한다.

또 '자라(紫螺)', 자주소라라는 근연종도 있다. 껍데기 색은 윤기 있는 붉은색으로 반들거리며 빛이 난다. 살이 맛있다. 이곳 사람들은 소라를 잡아 민물에 담가둔다. 그러면 소라가 몸을 껍데기 밖으로 밀어낸다. 소라 껍데기로 연적(硯滴)을 만들면 기묘하다. 소라를 잡는 사람은 모두 조수가 빠진 뒤 진흙과 모래가 섞인 갯벌을 파서 잡는다.

· ·

『한자자전』*과 『본초강목』은 소라가 조개에 속하는 것으로 봤다. 이에 대해 담정은 소라와 조개는 별개의 것이라고 이야기하면서도 소라 종류 또한 조개 종류처럼 매우 다양하기에 구태여 구분할 필요는 없다고 했다.

고둥은 전 세계적으로 7만5,000여 종, 우리나라에는 약 360종

---

* 한자를 모아 일정한 순서로 배열하고 그 독법(讀法)·의미 등을 해설한 책. '자림(字林)·자원(字苑)·자통(字通)·자관(字貫)·자원(字源)·자휘(字彙)·옥편(玉篇)' 등의 이름으로도 부른다. 이 중에서 가장 보편적으로 통용되는 것은 옥편과 자전이다.

으로 분류되어 연체동물 중에서 종이 가장 많다. 담정의 생각처럼 "소라 종류가 조개처럼 매우 다양하다" 할만하다. 고둥은 갯바위뿐 아니라 해조류가 무성한 곳이나 민물에서도 쉽게 발견되는 흔한 패류이다. 그래서 무엇이 고둥이냐고 물을 때 '이것이다'라고 딱 집어 말하기가 어렵다. 왜냐하면 고둥이란 용어 자체가 어떤 특별한 동물을 지칭하는 것이 아니라 넓고 편평한 근육성의 발(腹足)을 이용해 기어 다니는 소라와 다슬기, 우렁이 따위의 복족류들을 두루 일컬을 때 쓰는 통칭이기 때문이다.

이러한 복족류를 통칭해서 고둥이라 부르지만 소라는 일반적인 고둥류와는 구별한다. 소라는 껍데기가 두껍고 견고하며 패각의 입구를 막고 있는 뚜껑도 두꺼운 석회질이다. 특히 소라의 바깥쪽 표면에는 작은 가시가 돋아 있다. 예로부터 식용으로도 널리 채집되었으며 상품 가치가 높아 어민들 소득에 큰 도움이 된다.

담정은 소라 이름을 '백라(白螺)', '황라(黃螺)', '자라(紫螺)'로 분류했다. 채색에 따른 것으로 보인다. 담정이 이야기한 백라(白螺)는 물레고둥으로 보인다. 물레고둥은 껍데기가 회색빛 또는 흰색을 띠고 있어 어촌마을 등에서는 '백소라'라고 부른다. 물레고둥은 부드러우면서도 쫀득한 감칠맛이 있다.

한편, 소라는 뿔이 있고 껍데기가 단단한 '뿔소라'와 뿔이 없으면서 볼 부분이 넓은 '참소라'로 나뉜다. 어보에 등장하는 황라(黃螺)는 참소라, 자라(紫螺)는 뿔소라로 보인다. 담정은 황라(黃螺) 몸속에 주먹덩이 같은 소라 똥이 들었는데 그 색깔이 매우 노랗게 보이며, 고성사람들은 똥의 향이 좋아 '해향(海香)'이라 한다고 했다. 이를 참소라의 특성과 비교하면 맞아 떨어진다. 참소라 몸속에도 노란 똥이 있는데 식용이 가능하다. 참소라 똥이 노란색을 띠는 이유는 미역, 대황 등 갈조류를 주로 섭식하기 때문이다. 지역에 따라 석회조류나 홍조류를 함께 먹으면 똥색이 짙은 갈색을 띠기도 한다. 그 냄새를 '해향(海香)'이라 한 것은 소라가 섭식한 해조류가 분해되면서 바다내음이 났음을 비유한 것으로 보인다. 뿔소라로 추정되는 자라(紫螺)는 패각의 체색이 자줏빛이 나기 때문에 붙여진 이름일 것이다.

담정은 소라 껍데기를 활용해 연적(硯滴)을 만들 수 있다고 했다. 아마 갯마을 선비들이 벼루에 먹을 갈기 위해 소라 껍데기에 물을 담아 두는 것을 보고 담정도 이를 흉내 냈음직하다.

<牛山雜曲>

南洲潮退水生澖
鱉沫黔泥印蘚磯
無數浦童成隊去
鍬頭掘取紫螺歸

<우산잡곡>

남쪽 해변 썰물지자 물웅덩이 생기고
거무스름한 거품과 진흙이 이끼 낀 돌에 붙었네.
어촌마을 아이들 무리 지어 달려가
가래로 갯벌 헤쳐 자주소라 잡아오네.

앵무라 鸚鵡螺

| 앵무조개 |

앵무조개는 오징어, 문어 등과 같이 머리에 다리가 달려 있어 두족류로 분류된다. 턱이 앵무새의 주둥이 모양을 닮아 앵무조개라 불린다.

鸚鵡螺 殼形似鸚鵡 以爲酒盃甚玅 此處往往捕得
然不常有 且不及耽羅所産

앵무라(鸚鵡螺), 즉 앵무소라는 껍데기 형태가 앵무새 부리와 비슷하다. 술잔으로 쓰면 좋다. 이곳에선 가끔씩 잡히지만 항상 있는 것은 아니다. 또 탐라(耽羅)에서 생산되는 것만 못하다.

· ·

어보에 등장하는 앵무라(鸚鵡螺)는 앵무조개이다. 그런데 분류학상 앵무조개는 소라가 아니라 연체동물 두족류이다. 담정은 나선형으로 말려 들어가는 껍데기 구조 때문에 소라의 일종으로 생각해 '소라 라(螺)'자를 붙인 것으로 보인다.

그런데 열대와 아열대의 깊은 바다 속에서 살아가는 앵무조개가 어떻게 진해 바다에서 발견될까? 앵무조개는 껍데기의 층층이 막혀 있지만 벽마다 작은 구멍이 뚫려 있어 물을 넣었다 뺐다 하며 부력을 조절할 수 있다. 이런 부력 조절 기능은 살아있는 동안에는 물속을 둥둥 떠다닐 수 있게 해주고, 죽은 후에는 빈껍데기 속에 기체가 채워져 해류를 타고 이동할 수 있도록 해준다. 지금도 그러하지만 당시에도 필리핀에서 출발하는 쿠로시오 난류에 실려 우리나라 연안까지 떠 밀려온 앵무조개가 가끔 발견되었을 것이다. 그래서 담정이 "항상 있는 것은 아니다"라고 쓰지 않았을까.

앵무조개는 고생대 캄브리아기 전기에 출현해 오르도비스기에 번성하고 데본기에 이르렀으나, 그후는 점차 쇠퇴해 트라이아스기(Triassic Period)* 전기 이후에는 오늘날의 앵무조개와 비슷한 6종만이 남게 되었다. 현재 발견되는 앵무조개들은 트라이아스기 전기의 화석과 모양이 비슷해 '살아 있는 화석'**이라고 불린다.

---

* 중생대를 셋으로 나눈 것 중 첫 번째 기간을 말한다. 2억 3천만 년 전에서 1억 8천만 년 전까지 지속되었다. 1834년 독일의 F. A. 알베르티가 명명한 것으로, 3개의 층으로 뚜렷이 구분되는 특성 때문이다. 하부인 육성층(Bundsandstein), 중부인 해성층(Muschelkalk), 상부인 육성층(Keuper)으로 구성된다.

** 지질시대에 생존하던 동식물의 유해와 흔적이 지층에 남아 있는 것을 화석(化石)이라고 한다. 화석은 생물의 진화관계를 규명하는 연구 자료로 가치가 있다. 대개 화석으로 나타나는 생물은 수억, 수천만 년 전에 살던 생물들인지라 지금은 볼 수가 없다. 오랜 세월이 흐르는 동안 다른 모양으로 진화되었거나 멸종되었기 때문이다. 다만 화석의 모양과 지금 살아 있는 생물의 모양이 똑같은 경우도 있는데, 이러한 생물들을 '살아 있는 화석'이라고 한다.

해 蟹
라 螺

| 집게 |

집게는 말랑말랑한 배와 꼬리부분을
보호하기 위해 딱딱한 고둥 껍데기 속에
몸을 숨기고 살아간다.

蟹螺體搣而長 頭圓尾尖 綠色殼中別有一頭如蟹身 是螺身黑色
土人煮食 煮則淡黑

해라(蟹螺)는 몸이 뚱뚱하고 길다. 머리는 둥글고 꼬리는 뾰족하다. 녹색 껍데기 안에 따로 게의 몸과 같은 머리가 하나 있다. 이 소라의 몸은 흑색이다. 이곳 사람들은 굽거나 삶아 먹는데, 굽거나 삶으면 옅은 흑색이 된다.

어보에 등장하는 해라(蟹螺)는 집게이다. 집게는 다른 갑각류처럼 외골격 전체가 딱딱하게 석회질화 되어 있지 않다. 머리와 다리는 딱딱한 껍데기나 가시 같은 털에 싸여 있지만, 배 부분은 얇은 막으로만 싸여 있어 포식자들의 공격에 무방비 상태이다. 결국 이 연약한 부분을 보호하기 위해 자기 몸집보다 크고 딱딱한 고둥 껍데기를 짊어지고 다닌다. 이러한 생태적 특성을 담정은 "껍데기 안에 따로 게의 몸과 같은 머리 하나가 있다"라고 표현했다.

바다동물 중에는 위기탈출을 위해 딱딱한 껍데기에 의지하는 종이 더러 있다. 바다거북은 견고한 등딱지 속에 몸을 숨기고, 바닷가재 같은 갑각류나 조개류는 몸을 지키기 위해 단단한 껍데기를 지니고 있다. 어류 중에도 비늘이 변형된 딱딱한 골질판을 덮어 쓰고 있는 철갑둥어 같은 종도 발견된다.

하아려자 蝦兒蠡子

| 집게 |

담정은 집게 중 더듬이를 길게 뻗어내고 있는 종을 관찰하고 새우가 들어 앉아 있는 것으로 생각하지 않았을까? 이렇게 가정하고 담정의 글을 읽으면 하아려자(蝦兒蠡子) 역시 집게의 한 종으로 추정된다.

蝦兒螽子 似蟹螺 殼中別有一頭如蝦 土人捕二螺
沈淡水 取螺身 合煮盛器 蟹螺如蟹 蝦螺如蝦
形色玄紅 粲然可愛

하아려자(蝦兒螽子)는 해라(蟹螺), 즉 집게와 비슷하다. 껍데기 안에 따로 새우와 같은 머리 하나가 있다. 이곳 사람들은 하아려자(蝦兒螽子)와 해라(蟹螺)를 잡으면, 민물에 담가둔다. 소라가 몸을 내밀면 그 몸을 빼내어 그릇에 가득 담아 굽거나 삶는다. 그러면 해라(蟹螺)는 게와 같아지고 하아려자(蝦兒螽子)는 새우와 같아진다. 몸의 색깔이 검붉고 빛이 나서 무척 예쁘다.

∴

어보에 등장하는 하아려자(蝦兒螽子) 역시 집게로 보인다. 담정은 고둥 껍데기 속에 새우가 들어가 사는 것으로 생각해 '하아려자(蝦兒螽子)'라고 이름 지었지만 새우는 고둥 껍데기 속에서 살지 않는다. 아마 집게 중 길게 뻗어 나온 더듬이를 가진 종을 관찰한 담정이 이 더듬이를 새우 더듬이로 본 듯하다. 집게는 고둥 껍데기 안으로 들어가면 갈고리 모양의 꼬리를 고둥 안벽에 걸어버린다. 일단 꼬리를 걸고 자리를 잡고 나면 아무리 잡아 당겨도 끌어낼 수 없다. 고둥 안벽에다 꼬리를 얼마나 단단하게 걸고 있는지, 몸이 끊어지면 끊어졌지 그 결속을 풀지 않는다. 담정은 집게를 민물에 담가두면 고둥 껍데기에서 몸체가 빠져나오기에 쉽게 빼낼 수 있음을 관찰했다.

<우산잡곡>에서는 다소 이상한 추석 성묘 음식을 이야기한다. 아마 가까이 지내던 홍 예방(禮房)에게서 추석 성묘에 초대받았음직하다. 홍 예방은 어촌 지역 특성상 집게를 가장 좋은 음식으로 생각해서 제일 앞줄에 진설해놓았을 것이고, 서울 양반 담정의 눈에는 이 또한 신기하게 보였음직하다.

<牛山雜曲>

中秋墟墓饌蔬香
洪禮房家另樣光
海錯山珍都不數
蝦兒古董最先行

<우산잡곡>

추석이면 허묘(墟墓)에 성묘 음식 향긋하네.
홍 예방 집 음식 특히 빛깔 더하네.
산해진미 음식들 셀 수도 없는데
새우고둥을 가장 앞줄에 놓았네.

관조라 鸛鳥螺

| 집게 |

집게는 위협을 느끼면 고둥 껍데기 속으로 몸을 숨긴 후 오른쪽 큰 집게발로 입구를 막는다.

鸛鳥螺似蟹螺 而頭稍圓尾微曲 如鸛鳥嘴 土人謂之
鸛鳥古董 古董者 方言螺殼也 嶠南人總言螺殼 曰某古董某古董云

관조라(鸛鳥螺), 황새소라는 게소라(蟹螺), 즉 집게와 비슷하지만 머리끝은 조금 둥글고 꼬리는 약간 구부러져서 황새의 부리처럼 생겼다. 이곳 사람들은 관조라(鸛鳥螺)를 '황새고동(鸛鳥古董)'이라고 한다. '고동(古董)'은 방언으로 소라 껍데기이다. 영남사람들은 모든 소라 껍데기를 총칭하여 무슨 고동, 무슨 고동이라고 말한다.

담정은 관조라(鸛鳥螺)는 게소라(蟹螺), 즉 집게와 비슷한데 이곳 사람들이 '황새고동(鸛鳥古董)'이라 부른다고 했다. 황새란 이름이 붙게 된 것은 머리가 둥글고, 꼬리 부분이 약간 구부러진 모양이 황새 부리를 닮았기 때문이라 했다. 담정이 관찰한 관조라 역시 집게로 보인다. 집게는 고동 껍데기 안에 자리를 잡을 때 갈고리 모양의 꼬리를 고동 안벽에 걸어서 자기 몸을 지탱한다. 껍데기 안에서 빠져나온 집게의 꼬리 부분을 보면 약간 구부러져 있다. 담정은 이러한 모양새를 황새 부리에 비유했다.

해삼고동 海蔘古董

| 해녀의 어로활동 |

경남 거제 해녀가 해산물을 채집하고 있다. 오랜 역사를 두고 있는 어로 및 채집활동은 어촌 사람들의 삶에서 가장 중요한 부분을 차지해왔다.

海蔘水蟲 牛海酒島產螺 如白螺而螺肉上體 似海蔘
稍圓 大者如柿 小者如栗 下體似全鰒陰囊 全鰒陰囊
者 生包下有一物 如絡蹄頭 膾食甚美 土人謂之全鰒
陰囊 今此螺下體酷肖 和上體 膾喫極佳 勝生包及海
蔘 眞海味中絶品 故土人謂之海蔘古董

해삼(海蔘)은 수충(水蟲)이다. 해삼고동(海蔘古董)은 진해의 주도(酒島)*에서 나는 소라로, 백라(白螺)와 비슷하다. 소라 살의 윗부분은 해삼처럼 조금 둥글다. 큰 것은 감 크기만 하고, 작은 것은 밤만 하다. 또 소라 살의 아랫부분은 마치 전복음낭(全鰒陰囊)처럼 생겼다. 전복음낭은 살아 있는 전복의 아래에 있는 것으로 낙지머리처럼 생겼다. 회로 먹으면 아주 좋다. 이곳 사람들이 '전복음낭(全鰒陰囊)'이라고 하는 것이 바로 해삼고동의 아랫부분과 매우 비슷하다. 해삼고동의 윗부분과 함께 회로 먹으면 굉장히 맛이 좋다. 산 전복이나 해삼보다도 나으니, 정말 해산물 중 일품이다. 그래서 이곳 사람들은 이것을 '해삼고동'이라고 부른다.

---

* 현재 창원시 마산합포구 진동면 요장리 주도마을을 일컫는다.

담정이 이야기하는 해삼고동(海葠古董)은 무엇일까?

앞에서 언급했듯이 고동은 우리나라에만 약 360여 종이 있다. 담정이 이를 체계적으로 분류하면서 생태를 기록할 수는 없었을 것이다. 『우해이어보』는 담정이 관찰했거나 주변 사람들로부터 전해 들은 이야기를 기록한 것으로 봐야 한다. 해삼고동에 대한 단서인 "소라 살의 윗부분이 해삼처럼 조금 둥글다", "소라살의 아랫부분은 마치 전복음낭과 같다", "회로 먹으면 아주 맛이 좋아 해산물 중 일품이다" 등을 바탕으로 진해, 고성, 통영 사량도 해녀들을 탐문한 결과 해삼고동(海葠古董)은 '뻘소라'라는 결론에 다다랐다.

뻘소라는 다른 소라와 달리 다소 깊은 수심의 펄 속에 사는 소라로, 그물이나 통발에 혼획되는 종이다. 그런 만큼 귀하게 잡히며 맛이 뛰어나 횟감으로도 사용된다.

<牛山雜曲>

靑松魬裹近如何
亇尙*估船簇晩波
半白漁婆肩鱺子
幷頭澡瀞海葠螺

<우산잡곡>

청송 염전 안쪽은 근래에 어떠한지
마상과 상인들 배 저녁 바다에 모였네.
반백의 어촌 노파 어깨에 검은 사마귀 내놓고
깨끗하게 씻은 해삼고동 머리에 이고 가네.

---

* 조선시대 군사 이동, 곡물 운반 등의 용도에 쓰인 작은 배.

題牛海異魚譜卷後

余於丁巳冬坐飛語獄竄慶源 未幾移配于富寧 辛酉
李象謙疏出 逮錦衣受拷掠幾死 旋配于鎭海 丙寅始解
歸 首尾十年謫居 無聊所著詩文及漫錄甚多 其在富寧
者 爲金吾隷所掠去無遺 其在鎭海者 因懶惰不能收拾
豚犬輩 皆不慧 闇失過十之八九 近於篋中得此譜
使侄子鶴淵 膽寫瀞紙爲一卷

•• 나는 정사년(1797) 겨울 비어(飛語)에 연루되어 경원(함경북도 경원군)으로 유배를 갔었다. 얼마 지나지 않아 다시 부령(함경북도 부령군)으로 이배되었다. 이어서 신유년(1801)에는 이상겸의 상소로 인해 형리에게 붙잡혀 고문을 받아 거의 죽을 뻔하다가, 진해로 유배지가 옮겨졌다. 병인년(1806)에야 비로소 유배가 풀려 돌아왔으니, 무려 10년 동안이나 귀양살이를 한 셈이다.

유배지에 있는 동안 심심하여 지은 시문과 만록들이 매우 많았다. 부령에 있을 때 지은 것은 의금부 관원들에게 빼앗겨 남아 있는 것이 없다. 진해에 있을 때 지은 것은 내가 게을러서 제대로 모으지 못했다. 또한 자식들이 모두 총명하지 않아, 잃어버린 것이 열 편 중에 여덟, 아홉이나 된다. 근래에 상자 속에서 이 『우해이어보』를 찾아내어 조카 학연에게 시켜 깨끗한 종이에 잘 베껴서 한 권을 만들었다.

우리나라 최초 어보
〈우해이어보〉를 읽다

19세기 초 담정은 무엇을 보았나?

발행일 2019년 11월 20일
발행인 박수정
저　자 박수현
발행처 미디어줌
기획·편집 안서현
편집디자인 박아림 곽소록
표지디자인 이혜정
출판등록 2009년 4월 2일
신고번호 제 338-251002009000003호
전화 051-623-1906　**이메일** mediazoom@naver.com
ⓒ 박수현, 2019 ISBN 978-89-94489-41-4

―――

이 책은 저작권법에 따라 보호받는 저작물이므로 무단전재와 무단복제를 금하며,
이 책 내용의 전부 또는 일부를 이용하려면 반드시 저작권자와 도서출판 미디어줌의 서면 동의를 받아야 합니다.
책값은 뒤표지에 있습니다. 파본이나 잘못 만들어진 책은 구입하신 곳에서 교환해 드립니다.